Marcel Kunz
Alessandro Marchetti

Arlecchino & Co.

«Erziehung zum Theater»

Historische Einführung,
Didaktische Darstellung,
Spielanregungen
zur
Commedia dell'arte

Klett+
Balmer

Erste Auflage 1985
Alle Rechte vorbehalten
Jede Wiedergabe nur mit Genehmigung des Verlages
© Klett und Balmer & Co. Verlag, Zug
Graphische Gestaltung: Graphik-Atelier Bisig, Zug
Umschlagphoto: Massimo Lello, Mailand
Photos: Alex Spichale, Baden
Zeichnungen: Alessandro Marchetti, Mailand
Satz und Druck: Hieronymus Mühlberger GmbH, Augsburg
ISBN 3-264-80084-5

Inhalt

Die Geschichte der Commedia dell'arte   7

Die theaterpädagogische Zielsetzung   38

Die Körpersprache und das Maskenspiel
Körper und Maske bedingen einander –
eine didaktische Einführung   45
Übungsbeispiele zur Körpersprache   47
Übungsbeispiele zum Spielen mit Masken   51

Die Improvisation
Die Improvisation – eine didaktische Einführung   65
Übungsbeispiele zur freien Improvisation   69
Übungsbeispiele zur «gebundenen» Improvisation   79

Bühnenrealität und Bühnengrammatik
Die Bühnengrammatik umfaßt die gesamte Bühnenrealität –
eine didaktische Einführung   93
Übungsbeispiele und Spielanregungen   97

Die Herstellung der Commedia-Masken   107

Bibliographie   115

Mit △ bezeichnete Übungen und Spielanregungen sind auch für den Fremdsprachenunterricht geeignet

Vorwort

Es gibt eine Fülle von theatergeschichtlichen Untersuchungen und Darstellungen über die Commedia dell'arte; eine ausführliche didaktische und theaterpraktische Darstellung liegt bis heute jedoch nicht vor. Mit «Arlecchino & Co.» unternehmen wir den Versuch, diese Lücke zu schließen.

Aus einer historisch-didaktischen Einleitung leiten wir die zentralen Grundsätze der Commedia dell'arte ab, deren Darstellung den Hauptteil des vorliegenden Buches ausmacht: die Entwicklung einer figurentypischen Körpersprache, die Technik der Improvisation und den spezifischen Spielstil (die «Bühnengrammatik») der Commedia dell'arte. Jeder dieser Teile enthält neben ausführlichen didaktischen Begründungen eine große Anzahl von Spielanregungen und Spielvorlagen für die konkrete Theaterarbeit.

«Arlecchino & Co.» ist das Resultat einer mehrjährigen gemeinsamen Arbeit. Alle Spielanregungen in der vorliegenden Darstellung sind in einer Reihe von Kursen und Seminaren entwickelt und auf ihre Tauglichkeit hin erprobt worden.

Wir haben zu danken: dem Archivio di Stato in Padua, der Biblioteca della Scala in Mailand, den Teilnehmern unserer Kurse und Seminare für viele wertvolle Anregungen, den Schülern der Kantonsschule Wettingen, die sich für die Herstellung der Illustrationen zur Verfügung gestellt haben, sowie Luisella Sala und Thea Kunz für ihre Beratung und ihre Mithilfe bei der Erarbeitung des Manuskripts.

Die Masken, die wir in unseren Kursen und Seminaren verwendet haben und die auf den Illustrationen dieses Bandes zu sehen sind, stammen zum Teil aus der Werkstatt des heute führenden Maskenbildners der Commedia dell'arte, Donato Sartori, und sind zum Teil von uns selbst (in Anlehnung an historische Vorlagen, an das Vorbild Sartoris oder nach eigenen Ideen) gebaut worden.

Wettingen/Baveno, Sommer 1985

Marcel Kunz
Alessandro Marchetti

Ich habe mich als Clown schon immer für die Commedia dell'arte interessiert, natürlich speziell für die Figur des Arlecchino. Darum freue ich mich wie ein Kind, dieses Buch vorstellen zu dürfen.

Der Clown hat viel Verwandtes mit dem Arlecchino, vor allem die Quellen ihrer Gags sind dieselben. Alessandro Marchetti ist mein Freund und Kollege und für mich einer der besten Arlecchini der Gegenwart. Er hat dieses Buch zusammen mit Marcel Kunz geschrieben – eine fabelhafte Zusammenarbeit. Früher haben sie schon miteinander Seminare über die Commedia dell'arte abgehalten. Da die Marchettis schon seit vielen Generationen Komödianten sind und viele Berufsgeheimnisse der Commedia aus mündlicher Überlieferung bei ihnen noch lebendig sind, und da Alessandro ein genialer Komiker und Schauspieler ist, er also wirklich die Tradition mit der heutigen Praxis verbindet, ist das vorliegende Werk ein großartiges Dokument. Marcel Kunz seinerseits ist ein Theaterkenner. Er hat es hier fertiggebracht, seine große Erfahrung als Pädagoge mit Marchettis Bühnenerfahrung in eine didaktische Form zusammenzuschmelzen.

Alle, die das Theater lieben, jeder Schauspieler, Komiker, Clown und Mime sollte es lesen. Ich habe daraus viel gelernt, darin viel entdeckt und habe dadurch Mißverständnisse aufklären können. Es ist nicht nur ein theoretisches Buch, sondern es gibt auch praktische Hinweise, sogar wie man selber Masken machen kann. Sicher hilft eine so weit geöffnete Tür zur Commedia dell'arte, die wunderbar zeitlosen «Arlecchino & Co.» nicht nur am Leben zu erhalten, sondern sie weiterzuführen durch die Wirren der Zeiten.

Ich glaube, man hat schon im Jahre 1545 «in bocca al lupo», das heißt «toi, toi, toi» gesagt, und das möchte ich auch jetzt sagen zur Präsentation dieser Texte und Fotos und der Zeichnungen, die Arlecchino für uns gemacht hat.

Dimitri

5

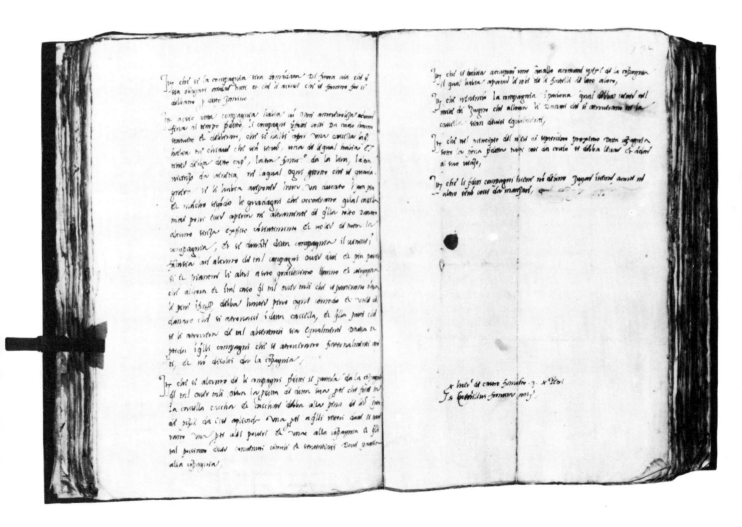

**Originalvertrag
vom 25. Februar
1945
(vgl. S. 8)**

6

TEIL I

Die Geschichte der Commedia dell'arte

25. Februar 1545...

Am 25. Februar des Jahres 1545 stipulierte der Rechtsanwalt Vincenzo Fortuna in Padua einen Vertrag, wonach

«die unterzeichneten Schauspieler, Ser Maphio, genannt Zanini da Padova, Vincenzo da Venezia, Francesco de la Lire, Hieronimo da S. Luca, Zuadomengo, genannt Rizo, Zuane da Treviso, Thofano da Bastian und Francesco Moschini...»

vereinbaren

«...eine brüderlich gesinnte Schauspieltruppe zu gründen, welche für die Zeit von der Oktav von Ostern des Jahres 1545 bis zum ersten Fastentag des Jahres 1546 Bestand haben soll...»

und wählen

«...den vorgenannten Ser Maphio zum Vorsteher der Truppe, welche an den wechselnden Orten ihres Aufenthaltes Komödien zu spielen gedenkt.» (1)

Die Wiederentdeckung dieses amtlichen Dokuments erlaubt es heute, die Geburt der italienischen Stegreifkomödie (Commedia dell'arte), die in ihren Ursprüngen weitgehend unklar ist, genau zu datieren, und sie gibt der Theaterwissenschaft die Möglichkeit, von diesem Ausgangspunkt zu den Einzelheiten einer Theaterform vorzudringen, die nach Goldoni und der von ihm in die Wege geleiteten Theaterreform in Vergessenheit geriet, für lange Zeit vernachlässigt wurde.

Die Reaktivierung der Commedia dell'arte begann im 19. Jahrhundert mit Maurice Sand, der mit seinen «Masques et bouffons» (1856) eine Initialzündung gab und weitere, gelegentlich sehr phantasievolle und mystifizierende, aber auch philisterhaft-schulmeisterliche Untersuchungen auslöste. Die Wiederentdeckung einer scheinbar untergegangenen Theaterform, deren Genese in vielem unklar und geheimnisvoll bleibt, war gegeben. Die Commedia dell'arte ist seither oft beschrieben worden, mit wissenschaftlicher Akribie und empirischer Genauigkeit, manchmal durchsetzt mit Spekulationen, ideologischen Fixierungen oder romantischen Verbrämungen.

Trotz der Bemühungen der Theaterwissenschaft: die Quellenlage ist mager. Nur weniges ist überliefert von dieser faszinierenden Theaterform, die während zweieinhalb Jahrhunderten beherrschend war, Autoren wie Shakespeare, Lope de Vega oder Molière namhaft beeinflußt hat, die in verschiedenen Ländern erstmals ein eigentliches Theaterbewußtsein hat entstehen lassen und die Schauspieltechnik nachhaltig beeinflußt hat. Überliefert sind, neben vielen zeitgenössischen Illustrationen, lediglich einige Bruchstücke von Tiraden, einige Zibaldonis (Angaben über Spieltechniken, Requisiten, Bühne), einige Canovacci (Szenarien).

Das Faszinierende an der Commedia dell'arte mag darin seinen Grund haben, daß der fragmentarische Charakter ihrer Entstehung sie geheimnisvoll und vom Dunkel der Geschichte verhüllt erscheinen läßt. Und doch scheint sie uns in ihrer Erscheinungsweise vertraut, bietet Identifikationsmuster an. Die Commedia dell'arte läßt uns, wie Duchartre sagt, «an geheimnisvolle Inseln mit exotisch klingenden Namen denken: wir träumen gerne von ihnen, sind uns aber gleichzeitig bewußt, daß wir sie nie erreichen werden.»

Nie erreichen? – Dieses Buch versucht eine Annäherung, indem es die Eigenarten der Spieltechnik der Commedia dell'arte (und damit auch ihre Ästhetik) und die daraus resultierenden didaktischen Konsequenzen zu beschreiben und dem auf die Spur zu kommen sucht, was für die Schauspieler der Commedia dell'arte im Zentrum der täglichen Arbeit stand: der Phantasie, der Einbildungskraft und der Vitalität.

Commedia dell'arte – Theater auf Wanderschaft

Commedia dell'arte – das heißt: wandernde Theatertruppen, mobile Improvisationstheater, Stegreiftheater, Maskentheater, Theater mit stets gleichen Figuren, aber mit wechselnden Inhalten, die aber um die immer wiederkehrenden Motive Hunger, Liebe und Angst kreisen, Theater mit viel Akrobatik und mit viel Situationskomik.

Der Begriff Commedia dell'arte ist erst Jahrzehnte nach der Entstehung dieser Theaterform geprägt worden und bezeichnet eigentlich nichts anderes als «Berufstheater»; Theater als Handwerk also, Schauspielertheater. Ursprünglich nannte man sie «commedia all'improvvisa», «commedia a braccia» oder auch «a soggetto», später dann – nachdem diese Theaterform in ganz Europa, vor allem aber in Frankreich Ausbreitung und Anerkennung gefunden hatte – «comédie italienne».

Im Gegensatz zu seinem Berufskollegen nördlich der Alpen, dessen Qualität an der Werk- und Texttreue bemessen wurde, hatte der Schauspieler der Commedia dell'arte einen großen Spielraum: von der reinen Erfindung bis hin zur improvisierten Verarbeitung von bekannten Textvorlagen. Seine Qualität wurde an seiner Flexibilität gemessen.

---

(1) E. Cocco, Una compagnia comica della prima metà del secolo XVI; in: giornale storico della letteratura.

Die Hauptfiguren der Commedia dell'arte und das Geflecht der gegenseitigen Beziehungen

Pantalone, Dottore, Capitano, die beiden Zanni (d. h. Arlecchino und Brighella), Colombina und die beiden Innamorati: das waren die acht regelmäßig wiederkehrenden Figuren der Commedia dell'arte. Die fünf erstgenannten trugen Masken und waren somit typisierte Vertreter einer bestimmten menschlichen Haltung. Colombina und die beiden Innamorati traten ohne Masken auf, was ihnen mehr Individualität ließ.

Diese Figuren waren in ihrer Art von gleichsam universaler Gültigkeit, repräsentierten je eine gesellschaftliche Kraft, der jeder einzelne Zuschauer ausgesetzt war oder deren Vertreter er war.

Für das Publikum war ein Commedia-Spiel demnach eine Begegnung mit seiner eigenen Welt: mit den Machtstrukturen (Familie, Gesellschaft, Staat, Gesetz, Militär usw.) und den Ängsten (vor Krankheit, Hunger oder Tod), die seinen Alltag bestimmten.

Diese Begegnung war eine Form von Bewältigung. Indem die Vertreter der herrschenden Klasse (die «padroni») im Spiel der Lächerlichkeit preisgegeben wurden und indem die Diener sich frei artikulieren konnten, war es dem Zuschauer möglich, Ängste abzubauen und Gefühle auszuleben.

Die Abstufung der hierarchischen Beziehungen

Die Skizze verdeutlicht, besser als eine ausführliche Beschreibung, den für das Verständnis der Commedia dell'arte fundamentalen Aspekt der hierarchischen Beziehungen: sie zeigt, wer «oben» war und wer «unten», zeigt die in allen Stücken gleichbleibenden (und durch den Stückverlauf nie in Frage gestellten) Machtstrukturen und Abhängigkeitsverhältnisse. Sie waren das Fundament der Handlung und bestimmten ihren Verlauf.

Gelegentlich kamen noch andere Figuren von eher sekundärer Bedeutung hinzu, etwa zwei weitere Innamorati oder ein dritter Zanni,

«All'improvvisa», «a braccia», «a soggetto» – diese Begriffe bezeichnen je eine eigene Form von Improvisationstechnik, dem zentralen Wesenselement der Commedia dell'arte:

Commedia all'improvvisa: Ausgangspunkt für die Schauspieler war ein (meist selbsterfundenes) «Argomento» (Thema, Fabel, Story), das sie zu einem «canovaccio» (Szenario) ausbauten, der schriftlich festgelegt wurde und auf dessen Basis sie ihre Stücke erarbeiteten, ihre Dialoge entwickelten und ihre «Lazzi» improvisierten.

Eine Nebenform dazu stellte die «commedia a braccia» dar: ohne Canovaccio, nur mit einem Argomento ausgerüstet, betraten die Schauspieler die Bühne, spielten drauflos und suchten ihre einstudierten «Lazzi» – unerläßlich für den Erfolg einer Vorstellung – zu plazieren.

Die «commedia a soggetto» hingegen ging von einem festen Text aus, der möglicherweise dem Publikum schon bekannt war: er wurde aber nicht wörtlich rezitiert, sondern bloß «nachgespielt», im Verlauf einer Tournee oft sogar den jeweils wechselnden örtlichen Gegebenheiten (Spielort/Publikum) angepaßt.

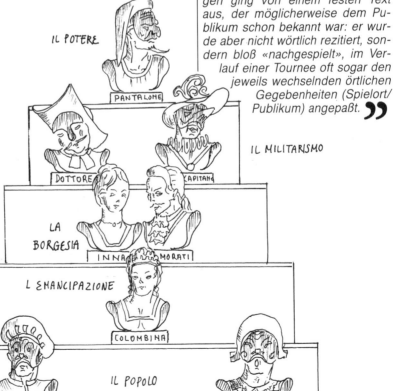

IL POTERE

PANTALONE

IL MILITARISMO

DOTTORE — CAPITANO

LA BORGESIA

INNAMORATI

L'EMANCIPAZIONE

COLOMBINA

IL POPOLO

BRIGHELLA — ARLECCHINO

Die Hauptfiguren der Commedia dell'arte in ihrer hierarchischen Abstufung.

die Hierarchie blieb aber auch dann unverändert. Da diese Beziehungsmuster kaum großen Spielraum ließen, hielten sich solche Erweiterungen in Grenzen; selten traten in einer Commedia-Aufführung mehr als zwölf Schauspieler auf.

Die Abstufung der sozialen Beziehungen

Jede Figur war Repräsentant eines sozialen Status', der streng funktional zu begreifen ist. Der soziale Status bestimmte die Struktur und die Ökonomie der Handlung, bestimmte aber auch die Verhaltensmuster, die Sprech- und Handlungsweise der einzelnen Figuren:

◆◆◆ *Pantalone de' Bisognosi*, der venezianische Kaufmann, gelegentlich auch Zenobio oder Cassandro genannt, der «padre padrone» par excellence, war autoritär,

Pantalone

Dottore

grausam gegenüber seinen Kindern und seinen Dienern, aber – bei sich bietender Gelegenheit – auch verliebt, liebenswürdig und höflich. Ob verliebt oder frauenfeindlich, ob geizig oder freigebig, ob komisch oder tragisch, ob verspottet oder geachtet: in jedem Stück war er – unbestritten und ohne Konkurrent – der Herr, der Padrone. Nicht ohne Grund hieß er in den frühesten Stücken der Commedia dell'arte daher auch «il Magnifico», der Erlauchte. ◆

◆◆◆ Der andere «Alte» der Commedia dell'arte, der *Dottore* aus Bologna, der traditionsreichen Universitätsstadt, gelegentlich mit dem Zunamen Graziano, Balordo, Balanzone usw., war nicht im gleichen Sinne Padrone wie Pantalone: was ihn über die andern Figuren erhob, war nicht das Geld, nicht die wirtschaftliche Macht, sondern sein Wissen, die Wissenschaft, in den meisten Vorlagen die Rechtswissenschaft, gelegentlich auch die Medizin. Er war aber kein asketi-

scher Intellektueller, im Gegenteil, er war behäbig, feist, konnte sich an seiner eigenen konfusen Rhetorik berauschen (vgl. p. 23). Er beherrschte Griechisch und Latein, was gelegentlich zu verbaler Akrobatik führte, die eine Quelle der Komik war, wenn er seinen bologneser Dialekt damit vermischte. ◆

◆◆◆ Die dritte der sozial «oben» stehenden Figuren, der *Capitano*, der ja nach Gegebenheiten eines Stücks spanisch oder neapolitanisch sprach, war eine Art «miles gloriosus», der aufgeblasene Repräsentant militärischer Macht, der ganz in der Welt seiner realen oder eingebildeten kriegerischen Unternehmungen und seiner unwahrscheinlich klingenden Abenteuer lebte. Er konnte blutrünstig sein, aber auch neidisch und scheel, gelegentlich auch – trotz seiner meist furchterregenden Namen wie etwa Spaventa di Vallinferno, Matamoros, Coccodrillo, Spezzaferro, Fracassa usw. – höflich, zuvorkommend, ritterlich. Oft mit viel Aufwand verliebt, selten oder gar nie erhört, machte er sich, da ihm andere trotz seines heldenhaften Gehabes vorgezogen wurden, zum allgemeinen Gespött. ◆

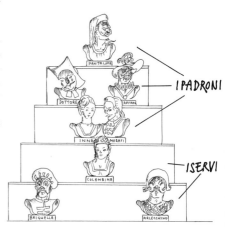

Capitano

◆◆◆ Das jugendliche Liebespaar, die *Innamorati*, waren oft der Angel- und Drehpunkt der Commedia-Handlung, der Pol, um den sich das Geschehen drehte, verwickelte und löste, als solcher Pol aber naturgemäß eher ruhig und dramaturgisch daher von meist zweitrangiger Bedeutung. Die Innamorati trugen keine Masken, waren also keine Typen, sondern Personen. In reinstem Toskanisch, der Sprache Petrarcas, trugen sie ihre Passagen vor: Liebesschwüre, Treuegelöbnisse, Eifersuchtsbekundungen, tränenreiche Abschiedsszenen. Am Ende freilich war für sie das Happy-End gewiß: der Zuschauer konnte sicher sein, daß der jugendliche Liebhaber Flavio (oder Florindo, Lelio, Orazio, Ottavio) seine angebetete Isabella (oder Flaminia, Rosaura, Silvia usw.) allen Gefährdungen zum Trotz kriegen würde. ◆

Brighella

entschlossen, welchem ihrer Verehrer (meist waren es Arlecchino und Brighella gleichzeitig) sie ihre Zuneigung schenken sollte. ◆

◆◆◆ Auf der untersten Ebene der sozialen Stufenleiter sodann die zwei zentralsten Figuren der Commedia dell'arte, *Arlecchino und Brighella*, ihrerseits ebenfalls eine Weiterentwicklung, und zwar aus den beiden Zanni, den beiden Dienerfiguren (dem schlauen und dem dummen) aus dem späten 16. Jahrhundert, der Frühzeit der Commedia dell'arte. Diener, Angehörige einer bäuerlichen Unterschicht, aus der Gegend von Bergamo stammend, mit den entsprechenden Verhaltensmustern und sozialen Aufstiegserwartungen, aus Anpassungsdruck eine kuriose Mischung aus bergamaskisch und venezianisch sprechend, waren auch Arlecchino und Brighella: Brighella war der stets schlaue, schlitzohrige, prahlerische, der Opportunist, der immer versuchte sich den gesellschaftlichen Gegebenheiten anzupassen und sich einzuschmeicheln. Arlecchino dagegen – eigentlich ein Anarchist aus Veranlagung – war mal frech und vorlaut, mal naiv und unschuldig, mal scharfsinnig, mal dumm; einer, der prädestiniert war, ins Fettnäpfchen zu treten, um sich dann mit entwaffnender Liebenswürdigkeit wieder herauszureden. Lachen und Weinen lagen bei dieser Figur eng beisammen; ein Typ von geradezu archaischer Volkstümlichkeit und Volksnähe. Dies erklärt auch, warum dieser Arlecchino sowohl in der Sympathie des Publikums als auch in der dramaturgischen Funktion *die* zentrale Figur der Commedia dell'arte war.
Auch für diese beiden Figuren gab es eine Reihe anderer Namen: Scapino, Beltrame, Buffetto, Flautino oder Pedrolino für Brighella; Truffaldino, Traccagnino, Zaccagnino oder Frittellino für Arlecchino. ◆

◆◆◆ Auch *Colombina* (oder Ricciolina, Smeraldina, Diamantina, Corallina, Serpentina, Arlecchina), die Dienerin, trug keine Maske, war aber trotzdem – vermutlich eine Folge ihrer in allen Stücken zentralen und fast immer gleichbleibenden dramaturgischen Funktion – ebenso ein feststehender Typ wie die maskentragenden Figuren. Vorläuferin der Colombina, in den Anfängen der Commedia dell'arte, war Franceschina gewesen, der Typus einer alten und erfahrenen Dienerin, die stets von einem Mann dargestellt wurde, weil die Kirche das Auftreten von Frauen auf der Bühne für unmoralisch hielt und verbot. Nach der Lockerung gewisser kirchlicher Verbote muß das erste Auftreten einer weiblichen Colombina auf das damalige Publikum wie eine Erscheinung gewirkt haben. Die Figur wurde prompt auch jünger gemacht: eine Kammerzofe, mit jugendlicher Anmut, natürlichem Scharfsinn, sympathischer Unverschämtheit und organisatorischem Weitblick, venezianisch sprechend, manchmal auch die Sprache ihrer Herrin nachahmend. Sie war oft verliebt, dann aber un-

Jede der Figuren der Commedia dell'arte, so hat diese knappe Übersicht gezeigt, hatte neben ihren spezifischen Charaktereigenschaften auch ihre eigene Sprache. Man muß aber wohl davon ausgehen, daß es in den seltensten Fällen der unverfälschte Dialekt der jeweiligen Region war, sondern vielmehr eine Art Kunstsprache, die sich phonetisch an die Eigenarten regionaler Dialekte anlehnte: keine folkloristische Zugabe also, sondern eine Art «Markenzeichen» der Figur.

Diese Übersicht hat überdies deutlich werden lassen, daß die Figuren der Commedia dell'arte mehr waren als Zufallslaunen des Theaterbetriebs des 16. und 17. Jahrhunderts, sondern daß sie Grundmuster gesellschaftlichen Verhaltens verkörperten. Muster, die über ihre Zeit hinaus gültig blieben und es auch heute noch sind. Dies erlaubt uns daher, die Figuren in einen gesamtgesellschaftlichen Kontext zu stellen:

Arlecchino

13

Die Abstufung der symbolischen Beziehungen

Das Modell der symbolischen Beziehungen (Pantalone als Vertreter der Macht des Geldes, der Dottore als der des Wissens und der Kultur usw.) macht deutlich, daß die Commedia dell'arte nie bloßes Unterhaltungstheater und nie bloß ästhetisches Spiel oder virtuose Clownerie war, sondern eine Art kritisches Spiegelbild der Gesellschaft. Ein Spiegelbild allerdings, das nicht bloß abbildete, sondern generalisierte, das eine eigene Aesthetik hatte und eigenen Gesetzen gehorchte; das zwar nahe an der gesellschaftlichen Realität war, aber doch nicht deren platte Nachahmung.

Die Figuren als Repräsentanten von Macht und Abhängigkeiten: die symbolischen Beziehungen in der Commedia dell'arte.

IL POTERE

PANTALONE

IL MILITARISMO

DOTTORE · KAPITANO

LA BORGESIA

INNAMORATI

L'EMANCIPAZIONE

COLOMBINA

IL POPOLO

BRIGHELLA · ARLECCHINO

Oft waren neue Figuren das Resultat schauspielerischer Arbeit

Die vorangegangenen Beschreibungen haben möglicherweise den Eindruck aufkommen lassen, die Commedia dell'arte habe immer mit den genannten Figuren auskommen müssen und die Figuren seien stets und verbindlich die gleichen gewesen. Doch individuelle Ausprägungen und Varianten zu den genannten Figuren gehörten zum alltäglichen Erscheinungsbild der Commedia dell'arte. Besonders die großen Schauspieler schufen zum Teil auch ganz neue Typen, die – vielleicht vom bloßen Namen abgesehen – allerdings nur so lange Bestand hatten, als ihr «Erfinder» lebte.

Zum Beispiel:

Scaramouche: sein Schöpfer war der Neapolitaner Tiberio Fiorilli, wohl der bedeutendste Schauspieler des europäischen Theaters im 17. Jahrhundert. Vergleichbar waren die Schöpfungen eines Pier Maria Cecchini (Frittellino), eines Niccolò Barbieri (Beltrame), eines Alberto Noselli (Zan Ganassa) usw.

Einige dieser so entstandenen und eigentlich eng an das schauspielerische Vermögen ihres Erfinders gebundene Figuren verdienen jedoch eine kurze Charakterisierung, da sie, über den Tod ihres Schöpfers hinaus, Bestand hatten und somit Tradition wurden:

◆◆◆ *Pulcinella*, eine Figur, die zu Beginn des 17. Jahrhunderts erstmals in Erscheinung tritt, wird schnell zu einem gefährlichen Konkurrenten für Arlecchino. In seinem Buch «Die Welt des Arlecchino» schreibt Nicoll: «Es besteht kein Zweifel, daß Pulcinella und Arlecchino die bedeutendsten Figuren der Commedia dell'arte waren. Wie alle in der neapolitanischen Tradition entstandenen Figuren hat Pulcinella, im Gegensatz zu Arlecchino, keinen eindeutig definierten Charakter und keine feste szenische Funktion. In den meisten Fällen war er zwar auch ein Diener, aber er konnte auch Bauer sein, Bäcker, Sklavenhändler, Schankwirt, Künstler, Familienvater oder ein «Innamorato». Das macht auch verständlich, warum Pulcinella nie die gleichen individuellen Züge einer an sich geschlossenen Persönlichkeit annehmen konnte, wie das bei Arlecchino der Fall war. Die einzige durchgehende Eigenschaft Pulcinellas war seine einmalige Mischung aus Dummheit und Scharfsinn. Dem neapolitanischen Publikum war die gesellschaftliche Rolle des Pulcinella eigentlich egal, es vergnügte sich an seinen Späßen, seinen Schnitzern, an seinen handfesten Vergleichen und ließ sich

Pulcinella

Pierrot

gant, der dank seiner Mischung von Unschuld und Schlauheit und mit seinen harmlosen Finten dazu beiträgt, daß sich selbst heillose Verwicklungen im Strickmuster einer Komödie entwirren lassen. In der bedeutenden französischen Tradition der Commedia dell'arte wurde aus Pedrolino dann Pierrot: aus dem gutmütigen Schlauberger wurde ein melancholischer Einzelgänger. Und gleichzeitig veränderte sich auch der schauspielerische Akzent: das Wort trat in den Hintergrund, das Pantomimische wurde wesentlich. Pierrot wurde das Vorbild aller Pantomimen.♦

♦♦♦ Ebenfalls in der französischen Tradition der Commedia dell'arte geprägt und in der Folge von Molière in seine Komödien aufgenommen, obwohl auch in Italien entstanden, ist die Figur des *Scapino*, geschaffen von Francesco Gabrielli. Scapino war der Musiker unter den Commedia-Figuren: das brachte ihm die Sympathien des Publikums, das seinem musikali-

nicht beirren, wenn Pulcinella in einem Stück als feiger und leichtgläubiger Dummkopf auftrat, im nächsten dagegen als ausgekochter und ruchloser Schurke. Die Folge war, daß Pulcinella eigentlich bloß in volkstümlichen Schwänken wirklich zentrale Figur wurde, selten oder nie dagegen in der ‹hohen› Komödie.»
Wie Arlecchino, so hatte auch Pulcinella seinen «Geburtsort»: Acerra in der Campagna; er wurde jedoch bald zum eigentlichen Neapolitaner, zum Symbol für das neapolitanische Volk. Auf der Wanderung von Acerra nach Neapel verwandelte sich der ursprüngliche Zanni in jene schillernde Figur, als die Pulcinella in die Theatertradition eingegangen ist.♦

♦♦♦ Eine interessante Entwicklung hat die Figur des *Pierrot* durchgemacht: er taucht in Italien erstmals um 1576 auf, und zwar unter dem Namen Pedrolino; als solcher findet er sich häufig in den Canovacci von Flaminio Scala. Auch Pedrolino/Pierrot ist ein Diener, aber einer, der das Vertrauen seines Herrn genießt, dem er oft gute Ratschläge gibt; ein gutmütiger Intri-

““ *Ein Blick auf die Abstufung der symbolischen Beziehungen mag den Gedanken naheliegen, die Commedia dell'arte könnte in ihrer Zeit so etwas wie ein revolutionäres Theater gewesen sein. Doch die Commedia-Schauspieler hatten kein ausgesprochenes soziales oder politisches Bewußtsein. Sie handelten weniger aus politischem oder sozialem Reformwillen, sondern vielmehr aus ihren eigenen Erfahrungen heraus; sie machten Theater, sie mußten es «verkaufen» (um zu leben): die Stoffe dazu bezogen sie aus dem täglichen Leben: aus den Begegnungen mit den Behörden, von denen sie die Spielerlaubnis einholen mußten, aus den Begegnungen mit dem Publikum, vor dem sie spielten und das sie zufriedenstellen mußten. Diese Erfahrungen und Begegnungen setzten sie im Spiel um. Dazu kommt ein anderer Faktor: die Commedia-Schauspieler hatten keinen fertigen Text, der ihnen eine vorfabrizierte Welt mit vorgefertigten Handlungsverläufen gab, hinter dem sie sich verstecken, auf den sie sich gegebenenfalls berufen und mit dem sie sich notfalls entschuldigen konnten. Sie mußten genau sein in ihren Beobachtungen und in deren Umsetzung. Stimmte die Welt nicht, die sie zeigten, so stimmte am Schluß auch die Kasse nicht: das zwang zur Genauigkeit. Dieser genauen Beobachtung, aber auch dem Theaterverstand und der Stilsicherheit der Commedia-Spieler ist es zu verdanken, daß die Commedia-Figuren mit der Zeit zu universalen Gestalten wurden, zu Repräsentanten der Gesellschaft schlechthin.* **””**

Scapino

schen Können applaudierte und dabei das Negative an dieser Figur gerne verzieh: das Streitsüchtige, Zynische und Intrigante. In der italienischen Tradition der Commedia dell'arte verschwand Scapino bald wieder oder änderte vielmehr seinen Namen, da er deckungsgleich war mit andern Figuren, wurde er erst zum Buffetto, schließlich zu Brighella.◆

◆◆◆ Die Figur des *Coviello*, eine Art neapolitanischer Prahlhans, war in vielem mit Pulcinella verwandt und wurde im Verlauf der Entwicklung von diesem verdrängt. Ursprünglich eine Figur aus den Abbruzzen, war er dumm und aufschneiderisch, ähnelte manchmal dem Capitano. Obwohl süditalienischen Ursprungs, erscheint er auch in den venezianischen Szenarien des 18. Jahrhunderts (z. B. bei Basilio Locatelli).◆

◆◆◆ Eine Figur calabresischen Ursprungs war *Giangurgolo*, eine Abart des Capitano (gelegentlich auch in der Funktion eines Dieners, ei-

Giangurgolo

nes Gastwirts oder eines Höflings). Der Name ist auf Giovanni Gola Piena (etwa: Giovanni Großmaul) zurückzuführen: Giangurgolo war eine Ironisierung Don Giovannis sowie der Vertreter des sizilianischen Landadels.◆

◆◆◆ Mit dem Dottore verwandt war die Figur des *Tartaglia*, ebenfalls vorwiegend im süditalienischen Raum anzutreffen: eine Art stotternder Richter (oder Höfling), kleinlich, konservativ und plump.◆

Der Canovaccio war die Arbeitsgrundlage der Schauspieler

Der Canovaccio war die eigentliche Arbeitsgrundlage der Commedia-Schauspieler: eine Art ausführliches Szenario, das den äußeren Verlauf einer Handlung detailliert wiedergab, das aber keine Dialoge festhielt. Diese zu improvisieren, die Handlung dadurch mit Leben zu füllen und sie überzeugend zu machen, war Aufgabe und Auftrag der Commedia-Schauspieler.
Was ein Canovaccio ist, sei an einem Originalbeispiel aus dem frühen 17. Jahrhundert verdeutlicht:

Wir wählen dazu den «Cavadente» (der Zahnarzt) aus Flaminio Scalas «Teatro delle favole rappresentative», der wohl ältesten und für die historische Realität der Commedia dell'arte zuverlässigsten Quelle. Flaminio Scala, selbst berühmter Schauspieler (bekannt wurde er als Innamorato-Darsteller in verschiedenen großen Truppen wie den «Desiosi», den «Accesi» und den «Confidenti») hat die Canovacci im Verlauf seiner schauspielerischen Tätigkeit gesammelt und niedergeschrieben und das Buch, das insgesamt fünfzig solcher Szenarien («giornate») enthält, 1611 in Venedig herausgegeben.

Die wenigen Canovacci, die uns aus jener Zeit, der Blütezeit der Commedia dell'arte überliefert sind, wirken bei der Lektüre oft sperrig und spröde, manchmal sogar banal. Man braucht daher viel Einbildungskraft und Phantasie, um sie zu verstehen, mehr noch, um sie im Spiel umzusetzen.

Coviello

Tartaglia

IL
TEATRO
delle Fauole rappresentatiue,
OVERO
LA RICREATIONE
Comica, Boscareccia, e Tragica:

DIVISA IN CINQVANTA GIORNATE;

Composte da Flaminio Scala detto Flauio Comico
del Sereniss. Sig. Duca di Mantoua.

ALL'ILL. SIG. CONTE FERDINANDO RIARIO
Marchese di Castiglione di Vald'Orcia, & Senatore in Bologna.

IN VENETIA, Appresso Gio: Battista Pulciani. M DC XI.
Con licenza de' Superiori, & Priuilegio.

IL CAVADENTE
(Der Zahnarzt)

(Giornata XII aus Flaminio Scalas «Il Teatro delle favole rappresentative»)

Argomento
(Thema, Fabel):

In der Stadt Rom lebte einst ein gewisser Pantalone, Vater eines Sohnes namens Orazio und einer Tochter, Flaminia mit Namen. Orazio war in eine verwitwete Dame, Isabella geheißen, verliebt, und seine Liebe wurde erwidert. In gleicher Weise war aber auch Pantalone für Isabella entflammt. Als er sich jedoch von Isabella verschmäht sah, vermutete er gleich, sein Sohn könnte sein Rivale sein. Er beschloß, ihn zum Studium nach Perugia zu schicken. Dies kam Isabella zu Ohren, die sehr darunter litt und sich mit einer ihr vertrauten Alten beriet, die ihr sagte, sie besitze ein Rezept für ein Konfekt, das jeden, der davon esse, um den Verstand bringe. Sie besitze aber auch das Rezept für das Gegenmittel, mit dem man jemandem den verlorenen Verstand wiedergeben könne. Daher riet ihr die Alte, sie könne Pantalone wohl davon abbringen, den Orazio wegzuschicken, falls dieser mit ebendiesem Mittel zuvor um den Verstand gebracht würde. Isabella war einverstanden und gab Orazio das verabredete Mittel. Was daraufhin geschah, wird am Verlauf und Schluß der Komödie zu sehen sein.

Die Personen der Komödie:

Pantalone
Orazio, sein Sohn
Flaminia, seine Tochter
Pedrolino, Diener
Flavio
Isabella, seine Schwester, Witwe
Franceschina, Dienerin
Arlecchino, Diener
Dottore
Capitano Spavento
Pasquella, Alte
Die Komödie spielt in Rom.

36

GIORNATA XII.
Il Cauadente Comedia.

ARGOMENTO.

Ella città di Roma fù già vn certo Pantalone padre d'vn giouane Oratio, e d'vna figlia Flam. chiamata, il cui giouane innamoratosi d'vna nobile vedoua Isabella detta, con reciproca affettione dell'amor suo era ricambiato: per laquale non meno che il figlio facesse, Pant. anch'egli medesimamente ardeua: ilquale uedendosi quasi, che schernito, giudicò forse ciò auuenire hauendo per riuale Oratio suo figlio, e perch'egli per l'auuenire nõ le fusse d'impedimento, di mandarlo allo Studio risolse. Venne ciò all'orecchie della vedoua Isab. laquale malamente tal cosa sofferendo, con una vecchia sua familiare consigliata, le disse possedere un segreto di certe confetture fatto, del quale chi gustasse, quasi priuo di giuditio rimarrebbe; & inoltre hauer anco vn'altro segreto, à quello di contrario effetto, onde giudicaua, che togliendo dall'esser suo con quel secreto Oratio, facilmente hauerebbe potuto distorre il padre dal mandarlo fuora, allaqual cosa acconsentendo Isabella ad Oratio il concertato secreto diede, quello che poscia ne succedesse dal concluder della fauola si conoscerà.

Personaggi della Comedia.

Pantalone.
Oratio figlio.
Flaminia figlia.
Pedrolino seruo.
Flauio.
Isabella vedoua sorella.
Francesc. serua.
e Arlecch. seruo.
Dottor solo.
Capitano Spauento solo.
Pasquella vecchia da sè.

Robbe per la Comedia.

Due scatole con dentro confetti

Habito da Cauadenti.

Ferri da Magnano.

Vna Sedia bella.

Notwendige Gegenstände für die Komödie

zwei Schachteln mit Konfekt
Zahnarztkleider
Schlosserwerkzeug
ein schöner Stuhl

Erster Akt

Pantalone

(Pedrolino):

sagt zu Pedrolino, daß er die Witwe Isabella liebe und daß er den Verdacht hege, sein Sohn könnte sein Rivale sein, und daß er ihn deswegen zum Studium wegschicken wolle. Pedrolino, der auf der Seite von Orazio steht, tadelt den Pantalone, worauf beide zu streiten beginnen. Pantalone schlägt Pedrolino und beißt ihn in den Arm. Es wird deutlich, daß er ihn fest gebissen hat. Pantalone geht schimpfend ab und sagt noch, daß er auf eigene Faust mit Franceschina sprechen werde. Pedrolino: er werde sich für den Biß, den Pantalone ihm zugefügt habe, rächen; worauf

Franceschina

auftritt, die im Auftrag ihrer Herrin Orazio sucht. Sie sieht Pedrolino und er sagt ihr, welche Schmerzen er am Arm habe. Um sich für den Biß zu rächen, vereinbaren beide, gegenüber Pantalone so zu tun, als ob er scheußlichen Mundgeruch habe. Franceschina geht ins Haus, Pedrolino bleibt; worauf

Flavio

dem Pedrolino gesteht, daß er verliebt sei, wobei er Pedrolino am Arm faßt. Pedrolino schreit. Gleiche Absprache: Pantalone habe Mundgeruch. Flavio geht ab, Pedrolino bleibt; worauf der

Dottore

auftritt, dem der Pantalone 25 Lire schuldet. Er faßt Pedrolino ebenfalls am Arm, dieser schreit wieder. Auch sie vereinbaren, daß Pantalones Atem stinke. Pedrolino verspricht dem Dottore, daß er seine 25 Lire haben werde. Dottore ab. Pedrolino geht Orazio suchen. Ab.

Capitano Spavento:

Seine Liebe für Isabella und seine Heldentaten; worauf

Arlecchino,

Diener der Isabella, den Capitano nachahmt und ihn dabei lächerlich macht. Arlecchino geht ins Haus, um Isabella zu rufen. Capitano wartet.

Flaminia,

die von ihrem Fenster aus den Capitano gesehen hat, ihm sagt, daß sie ihn liebt, und ihn um die Erwiderung ihrer Gefühle bittet. Worauf

Isabella

aus dem Haus kommt, in der Hoffnung, Orazio zu treffen. Der Capitano gesteht ihr seine Liebe. Sie weist ihn ab, worauf er in einer eingeschobenen Szene in gleicher Weise mit Flaminia verfährt. Schließlich geht Isabella ins Haus und jagt den Capitano fort; das gleiche tut Capitano mit Flaminia und geht ebenfalls ab. Flaminia bleibt traurig zurück; worauf

Pedrolino,

der versteckt war und alles mitgehört hat, Flaminia androht, alles dem Pantalone zu hinterbringen, wenn sie nicht mitmache beim Spiel mit dem stinkenden Atem. Flaminia ins Haus. Pedrolino: daß er schlimme Schmerzen habe, obwohl er sich habe behandeln lassen, und daß er sich um jeden Preis rächen wolle. Worauf

Arlecchino

kommt. Mit Geld bringt ihn Pedrolino dazu, sich als Zahnarzt zu verkleiden und schickt ihn weg, damit er sich verkleide. Arlecchino ab. Pedrolino bleibt; worauf

Orazio

von Pedrolino vernimmt, daß sein eigener Vater sein Rivale sei und daß er ihn zum Studium wegschicken wolle. Orazio, traurig über diese Mitteilung, vertraut sich Pedrolino an, der ihm Hilfe verspricht. Auch sie vereinbaren die Sache mit Pantalones Atem. Orazio: er möchte mit Isabella sprechen; Pedrolino geht sie rufen.

Isabella

hört von Orazios Liebe und von seiner Abreise. Sie ist traurig; worauf man

Pantalone

in seinem Hause laut sprechen hört. Isabella geht daraufhin schnell in ihr Haus. Laut schilt Pedrolino den Orazio, weil er seinem Vater nicht gehorchen und nicht nach Perugia gehen will. Pantalone kommt aus dem Haus, sieht seinen Sohn und trägt ihm auf, sofort seine Sachen zu packen und nach Perugia zu gehen. Orazio, ganz ängstlich, geht, Pedrolino anblickend, ins Haus, um seine Sachen zu packen. Pantalone will von Pedrolino wissen, was dieser mit Franceschina gesprochen hat. Da sagt Pedrolino: «O weh, Padrone, Sie haben scheußlichen Mundgeruch!» Pantalone lacht bloß; worauf

Franceschina

dem Pantalone das gleiche sagt und hinzufügt, ihre Herrin Isabella würde den Pantalone wohl lieben, wenn sein Atem nicht stinken würde. Ab. Pantalone ist erstaunt. Worauf

Flavio

vorbeigeht und auf ein heimliches Zeichen von Pedrolino dem Pantalone das gleiche sagt. Pantalone wundert sich über dieses Übel. Worauf der

Dottore

ankommt und – ebenfalls auf ein Zeichen von Pedrolino – dem Pantalone sagt, sein Atem stinke. Ab. Pantalone: er wolle seine Tochter fragen, ob er wirklich Mundgeruch habe. Er ruft sie;

Flaminia

bestätigt ihrem Vater, er habe schrecklichen Mundgeruch. Beide bleiben; worauf

Orazio

aus dem Haus kommt, Flaminias Aussage bestätigt und wieder ins Haus geht. Pantalone entschließt sich, jenen Zahn ziehen zu lassen, der die Ursache für seinen üblen Mundgeruch ist. Er beauftragt Pedrolino, nach einem Zahnarzt zu schicken und geht ins Haus. Pedrolino bleibt.

Arlecchino

kommt, als Zahnarzt verkleidet. Pedrolino: Arlecchino soll dem Pantalone sagen, seine Zähne seien alle schlecht und müßten alle gezogen werden. Pedrolino zieht sich zurück. Arlecchino geht an den Häusern vorbei und ruft: «Wer hat schlechte Zähne?» Worauf

Pantalone,

am Fenster, Arlecchino ruft und herauskommt. Arlecchino nimmt seine Werkzeuge hervor, die alles Schlosserwerkzeuge sind, die er auf komische Weise benennt. Er fordert Pantalone zum Sitzen auf und zieht ihm vier gesunde Zähne. In seinem Schmerz krallt sich Pantalone an Arlecchinos Bart fest. Da es aber ein falscher Bart ist, hält ihn Pantalone plötzlich in der Hand. Arlecchino flieht, Pantalone schmeißt mit dem Stuhl nach ihm. Dann geht er, über Zahnschmerzen klagend, ins Haus.

Und hier endet der erste Akt.

Zweiter Akt

Pasquella,

die Alte, kommt ihre Freundin Isabella besuchen. Sie klopft an.

Isabella

erzählt der Pasquella, daß Orazio sie liebe, daß er aber verreisen müsse, weil der Vater es so wolle. Pasquella tröstet sie und verspricht ihr Hilfe mit ihren Zaubermitteln. Isabella soll Arlecchino in einer Stunde zu ihr schicken, damit sie ihm das Konfekt mit den Zaubermitteln geben könne. Ab. Isabella bleibt zuversichtlich zurück. Worauf

Pedrolino,

guter Dinge, weil ihm der Streich mit Pantalone geglückt ist, der Isabella erzählt, daß Pantalone halsstarrig sei und nach wie vor Orazio wegschicken wolle; worauf

Pantalone

(Orazio)

mit seinem Sohn Orazio auf die Bank geht, um Geld zu holen, damit Orazio sofort abreisen kann. Er sieht Isabella, grüßt sie und geht dann mit Orazio weiter, der währenddessen Isabella insgeheim

grüßt und dem Pedrolino heimlich ein Zeichen macht. Ab. Isabella sagt zu Pedrolino, er soll in einer Stunde wiederkommen. Worauf

Flavio

der Pedrolino mit Isabella sprechen sieht, Verdacht schöpft und sie ins Haus schickt. Er bedrängt Pedrolino; dieser beruhigt ihn, indem er ihm sagt, er wolle sich dafür verwenden, daß Flavio Flaminia zur Frau bekomme. Er werde ihn zu ihr führen; zu diesem Zweck müsse er sich allerdings als Zahnarzt verkleiden. Flavio stimmt zu, ab. Pedrolino lacht und geht Orazio suchen. Ab.

Arlecchino:

er habe es dem Pantalone gegeben; worauf

Isabella

(am Fenster) ihn zu Pasquella schickt, um das Konfekt zu holen. Sie zieht sich zurück; Arlecchino bleibt, worauf

Pedrolino

kommt; beide lachen über den Streich, den sie dem Pantalone gespielt haben. Worauf der

Capitano

kommt. Er droht Arlecchino, worauf dieser ihm zuflüstert, ohne daß Pedrolino es hört, seine Herrin habe dem Pedrolino gesagt, wie der Capitano es anstellen müsse, um zu ihr ins Haus zu kommen. Der Capitano wendet sich dem Pedrolino zu, Arlecchino schnell ab. Pedrolino, der keine Ahnung hat, sagt aufs Gratewohl, der Capitano müsse sich wie Pantalone nach venezianischer Art kleiden, dann werde ihn Isabella schon einlassen. Der Capitano ist befriedigt und geht sich umziehen. Pedrolino bleibt, worauf

Flaminia

ihn fragt, wie weit er mit seiner Vermittlung sei. Pedrolino: der Geliebte werde an diesem Abend als Frau verkleidet zu ihr kommen. Zu diesem Zweck müsse sie ihm Frauenkleider borgen. Flaminia ist zufrieden und gibt ihm ein Kleid, ab ins Haus. Pedrolino bleibt.

Dottore

kommt und will die 25 Lire, die Pantalone ihm schuldet und die Pedrolino ihm versprochen hat. Pedrolino ist gereizt und bietet dem Dottore

statt der 25 Lire Flaminias Kleid an. Der Dottore nimmt das Angebot an, worauf

Pantalone

kommt, das Kleid in der Hand des Dottore sieht, ihn einen Dieb nennt und ihn beschimpft. Pedrolino doppelt nach und beschimpft den Dottore ebenfalls. Pantalone und Pedrolino ins Haus. Dottore allein, verzweifelt: er wolle sich bei Gericht beschweren. Ab.

Orazio

will Isabella seine Ehre erweisen, bevor er abreist. Klopft an.

Isabella

kommt aus dem Haus. Liebesszene. Isabella bittet Orazio, vor seiner Abreise von dem Konfekt zu essen, das sie ihm schicken werde. Orazio verspricht es. Isabella ins Haus. Orazio ab.

Flavio,

als Zahnarzt verkleidet, ruft unter den Fenstern von Pantalone; worauf

Pantalone

herauskommt und ihn verprügelt, weil er annimmt, er habe den als Zahnarzt verkleideten Arlecchino vor sich. Flavio flieht. Pantalone ins Haus.

Capitano

kommt, als Pantalone verkleidet, worauf der zurückkehrende

Flavio

ihn für Pantalone hält und ihn tüchtig verprügelt. Alle ab.

Und hier endet der zweite Akt

Dritter Akt

Arlecchino

mit den beiden Schachteln Konfekt; klopft bei Isabella an.

Isabella

nimmt die beiden Schachteln, schickt diejenige mit dem Konfekt, das den Verstand verlieren macht, durch Arlecchino zu Orazio; sie behält die andere Schachtel für sich und geht ins Haus. Arlecchino bleibt; worauf

Pedrolino

kommt. Arlecchino gibt ihm die Schachtel, damit er sie Orazio überreiche, und geht ab. Pedrolino nimmt etwas Konfekt aus der Schachtel und steckt es in seine Tasche; worauf er dem

Orazio
die Schachtel überreicht. Orazio geht zusammen mit Arlecchino zu Isabella, um ihr vor seiner Abreise einige Geschenke zu bringen. Pedrolino bleibt, nimmt von dem geklauten Konfekt, worauf er den Verstand verliert; worauf der

Capitano
kommt, der sich rächen und Pedrolino umbringen will. Pedrolino sagt aber so dummes und so wirres Zeug, daß der Capitano sich wundert und von Pedrolino abläßt. Pedrolino ab; Capitano bleibt.

Flaminia
bittet den Capitano erneut um seine Liebe; er, erzürnt, schickt sie weg. Sie, entrüstet, schwört, daß sie inskünftig ihre Liebe Flavio schenke. Ab ins Haus.

Dottore:
das Gericht werde ihm recht geben. Worauf

Pedrolino
kommt. Der Dottore droht ihm, doch wie er sieht, daß Pedrolino verrückt ist, geht er weg. Pedrolino bleibt.

Franceschina
räsoniert mit Pedrolino, er mit ihr. Pedrolino geht weg. Franceschina folgt ihm.

Arlecchino,
verzweifelt, klopft bei Isabella.

Isabella
hört von Arlecchino, daß Orazio seit dem Genuß des Konfekts von Sinnen sei. Sie: daß Arlecchino alles tun müsse, um Orazio zu ihr zu führen. Arlecchino ab; worauf

Flavio
sie nach der Ursache ihrer Traurigkeit fragt. Sie erzählt betrübt, daß sie Orazio liebe, der aber verrückt geworden sei. Sie besitze jedoch das Mittel, um ihn zu heilen. Flavio, heiter, sagt, daß er seine Schwester liebe und daß sie ihn nur machen lassen soll. Er schickt sie ins Haus und geht Pantalone suchen.

Pantalone,
der nicht weiß, ob Orazio schon verreist ist; worauf

Pedrolino
kommt, der auf Pantalones Fragen nur unsinnige Antworten gibt, worauf

Orazio
in Reisekleidung auftritt, ebenfalls verrückte Dinge erzählt und wieder abgeht. Pantalone ist verzweifelt, worauf

Flavio
Pantalone tröstet und ihm sagt, seine Schwester Isabella könne Orazio heilen. Pantalone läßt sie rufen.

Isabella
sagt, sie werde Orazio heilen, verlange aber von Pantalone zwei Zugeständnisse: erstens, daß Flaminia Flavios Frau werden müsse und zweitens, daß Orazio die Frau heiraten solle, die sie, Isabella, bestimmen werde. Pantalone willigt ein und ruft

Flaminia,
die, glücklich, Flavio zum Gatten nimmt, worauf

Orazio
auftritt, dummes Zeug schwatzt und sich unsinnig gebärdet. Flavio redet ihm gut zu und führt ihn ins Haus. Die andern bleiben.

Flavio
kommt zurück und berichtet, daß Orazio wieder bei Sinnen sei.

Orazio
kommt mit Isabella, sie verlangt von Pantalone die Einlösung des zweiten Zugeständnisses und bittet ihn um die Hand Orazios, Pantalone ist einverstanden, worauf der

Dottore
(Pedrolino) (Francesch.)
kommt, der vor dem verrückten Pedrolino flüchtet. Flavio führt Pedrolino ins Haus, heilt ihn und führt ihn wieder heraus. Pedrolino gesteht dem Pantalone, daß er sich für den Biß gerächt habe, indem er das Gerücht vom üblen Mundgeruch in Umlauf gesetzt und dafür gesorgt habe, daß dem Pantalone die Zähne gezogen werden. Er gesteht seine Fehler und Verfehlungen und sagt, daß er allen verzeihe, die er betrogen und verletzt habe. Alle lachen.
Und hier endet die Komödie.

Die wechselvolle Handlung des «Cavadente» ist geprägt von einer raschen, gelegentlich atemberaubenden Abfolge von Situationen, Mißverständnissen, Verwechslungen und Verkleidungen, die das szenische Geschehen ausmachen. Von der Problemstellung her ist der «Cavadente» freilich bescheiden, beschränkt sich auf den etwas konstruiert wirkenden Konflikt zwischen Vater (Pantalone) und Sohn (Orazio); ein Konflikt, der zu den Grundmustern gehört und in den commedia-Spielen immer wieder zu finden ist.

Die erste Lektüre eines Canovaccio wie des «Cavadente» löst daher beim Leser möglicherweise eine gewisse Verlegenheit aus, und man fragt sich mit Recht, wie sich das Publikum mit einer solchen, an sich banalen und in der Substanz eher armen Handlung zufriedenstellen ließ.

Dies freilich war nur möglich, wenn es den Commedia-Spielern gelang (und wenn es uns heute gelingt), mit Phantasie und Einbildungskraft ans Werk zu gehen: die Parallelführungen der Handlungsabläufe zu entdecken und auszuspielen, dem spröden Gerüst Farbe, der Handlung durch Nuancen und Schattierungen Lebendigkeit, den Personen Profil zu geben, sie zum Leben zu erwecken, sie gegeneinander abzugrenzen, Einzelheiten hervorzuheben, dem Spiel Harmonie, Schwerelosigkeit und Eleganz zu verleihen und einen überzeugenden Rhythmus zu finden.

Der Canovaccio war Basis und Stütze für die Improvisation

Ausgehend von den Angaben des canovaccio erarbeiteten die Schauspieler ihre Aufführung, formten sie ihre Dialoge; der Canovaccio war eine Art Gerüst, in das sie ihr Re-servoir an Textpassagen, Zitaten, Redewendungen und Schlüssen hineinhängen konnten.

Jeder Commedia-Schauspieler führte für seine Rolle eine Art Rollenheft (quaderno dei generici), in das er alles notierte – Zitate, Beobachtungen, Gags usw. – was ihm für die Improvisation nützlich sein konnte. Das war nicht möglich ohne relativ breite literarische Kenntnisse. Aus der Literatur nahmen die Commedia-Schauspieler Gedanken, Textpassagen und Szenenkonzepte, die sie je nach Spielsituation und je nach Reaktion eines immer wechselnden Publikums collagenartig zusammenbauten.

◆◆◆ Jeder Schauspieler hatte sein Repertoire, verfügte über ein festes «Reservoir» von Tiraden, Monologen, Szenenkonzepten, Schlüssen, Lazzi – die er, je nach den Erfordernissen der Handlung und je nach Stand des Spiels, einbringen konnte: Wer den Pantalone spielte, hatte sein festes Repertoire an Schimpftiraden, pseudomoralischen Exkursen, senilen Liebeserklärungen und Wutausbrüchen. Der Dottore hatte einen Vorrat an konfusen Konstrukten, an weitschweifenden pseudophilosophischen Exkursen (vgl. p. 23) versuchte in seiner Sprechweise jedes und alles zu «latinisieren». Die «Innamorati» waren vollgepumpt mit Liebesschwüren, Eifersuchtsszenen, Abschiedsworten und zornigen Aufwallungen (eine Rhetorik, die das italienische Publikum jener Zeit besonders schätzte). Ebenso verhielt es sich mit den andern Figuren: der Capitano hatte seine bravourösen Passagen, die beiden Zanni präsentierten ihre Lazzi, die sie einer langen Volkstheatertradition entnehmen konnten und die oft voller Scharfsinn und voller Anspielungen waren. Die Dienerin Colombina hatte für ihre Improvisation sowohl Sprachfetzen aus der Sprache der Oberschicht, die sie nicht ohne Preziosität nachahmte, als auch Wendungen aus der Sprache des einfachen Volkes: die oft unvermittelte Durchmischung der beiden Sprachformen machte die Eigenart ihrer Improvisationen aus. ◆

Zu dieser Form von Improvisation brauchte es «Theaterintelligenz» und vor allem ein hohes Interaktionsvermögen, das vor allem dann zum Tragen kam, wenn es darum ging, Impulse eines täglich wechselnden Publikums aufzunehmen und sofort zu verarbeiten. Das scheint sehr schwierig, wurde aber dadurch erleichtert, daß die Figuren immer die gleichen blieben und dem Publikum bekannt waren und daß die Schauspieler während ihrer ganzen beruflichen Karriere die gleiche Rolle spielten.

Tirade und Lazzo waren tragende Stilelemente für die Commedia-Aufführung

Zum festen Programm der bei Proben und Aufführungen in der Improvisation einsetzbaren Elemente gehörten die *Tirade* und der *Lazzo*. Sie waren gleichsam unverzichtbare Bestandteile und tragendes Stilelement einer Commedia-Aufführung. Tirade und Lazzo dienten gleichermaßen der Aufheiterung und der Auflockerung und waren ein Moment der Entspannung. In ihnen bekam die Aufführung Leben und Würze. Gelegentlich, vor allem bei weniger erfolgreichen Ensembles, hatten sie auch eine dramaturgische Funktion: mit der Tirade und dem Lazzo konnte eine Sequenz, wenn man sich in einer allzu komplizierten Handlung verstrickt hatte und keinen Ausweg mehr sah, auf heitere und unterhaltsame Art «abgewürgt» werden.

Die Tirade war eine monologische Passage, eine Art Kadenz, ein rhetorisches Bravourstück, in dem eine Figur sich über eines ihrer Lieblingsthemen auslassen konnte, das aber – durch den Inhalt und die Argumentationsweise – auch viel über den Charakter einer Figur aussagte. Wir geben hier zur Verdeutlichung ein Originalbeispiel: eine Tirade des Dottore aus einer Quelle des 17. Jahrhunderts (1). ein konfuses, rhetorisch aufwendiges, aber letztlich nichtssagendes Palaver. Um den Text auch in seiner Komik zu erfassen, muß man sich beim Lesen die füllige und schwerfällige Figur des Dottore vor Augen halten:

♦♦♦ «Habt Ihr gelacht, weil ich gestolpert bin?

Dabei hätte ich mir beim Stolpern den Kopf einrennen können und dann wäre der Arzt gekommen und hätte mir ein Medikament verschrieben; Medikamente werden aus Heilkräutern hergestellt, die aus dem Osten kommen, genauso wie die Weisheit des Aristoteles. Aristoteles war der Lehrmeister von Alexander dem Großen und dieser war der Herr dieser Welt, die Atlas auf seinen Schultern trägt. Atlas hat jene Kraft, die auch in den Säulen steckt, welche die großen Paläste tragen, die von Maurern errichtet werden, welche unter Anleitung von Architekten arbeiten. Architekten können zeichnen und das ist eine der freien Künste. Es gibt sieben freie Künste, sieben wie die sieben Weisen Griechenlands, die von Minerva beschützte. Minerva war eine Jungfrau, eine Jungfrau ist aber auch die Gerechtigkeit, bewehrt mit einem Schwert, wie die Soldaten eins haben, die in den Krieg ziehen und sich umbringen mit Kugeln, wie man sie sehen kann im Wappen von Florenz, der Hauptstadt der Toskana, wo man so gepflegt spricht. Der Meister der gepflegten Sprache war Cicero, der Senator von Rom, das zwölf Cäsaren hatte, zwölf wie das Jahr Monate hat. Das Jahr hat aber auch vier Jahreszeiten, ebenso wie wir vier Elemente haben: die Luft, das Wasser, das Feuer und die Erde, welche mit Ochsen gepflügt wird, deren Häute man gerben und zu Leder verarbei-

ten kann, aus denen man Schuhe macht, mit denen man gehen kann. Im Gehen bin ich gestolpert und stolpernd bin ich reingekommen. Voilà, guten Tag!» ♦

Ein Lazzo dagegen war so etwas wie eine gelegentlich rein pantomimische Solopassage, eine Form eines wohleinstudierten Gags, eine komische Einlage, mit der ein Commedia-Schauspieler glänzen und worin er seine Fähigkeiten zeigen konnte.

Ein Lazzo war aber nie bloße Hanswurstiade. Niccolò Barbieri, der berühmte Beltrame-(Brighella)-Darsteller hat diesen Unterschied so definiert: «Die Commedia dell'arte ist weder Clownerie noch Hanswurstiade; sie ist kein närrisches Spektakel, sondern kunstvolle und geschmackvolle Unterhaltung, scherzhaft und witzig, aber nicht unverschämt und vulgär . . . Es besteht ein grundsätzlicher Unterschied zwischen dem Commedia-Schauspieler und dem Hanswurst. Ein Hanswurst hat und will keine Tugend, er ist ein derber und unverschämter Bursche, der nach niederen Grundsätzen lebt, der jede ernsthafte Person verhöhnt und sie dem Gelächter des Pöbels ausliefert. Er hat keinen Anstand, behält selbst vor seinem Fürsten den Hut auf, er ruft ehrbaren Leuten wüste Beschimpfungen nach, suhlt sich in derben Späßen und Anekdoten. Für Geld macht er alles, für Geld setzt er selbst seinen Kopf aufs Spiel.»

Dies besagt: während die derben Späße des Hanswurst dem Naturell seiner Figur entsprachen und dessen unmittelbarer und meist einziger Ausdruck waren, war der Lazzo der Commedia dell'arte ein artistisches, oft selbstironisches, gelegentlich anklagendes «à part», eine Einlage, in der eine Figur eine ihrer Nöte oder Eigenarten oder Untugenden in gleichsam isolierter

----

(1) zitiert nach: Guiseppe Petrai, Lo spirito delle maschere, übersetzt von M. K.

99 *Der Begriff der Improvisation ist oft mißverstanden und fehlgedeutet worden. Improvisation im Sinne der Commedia dell'arte ist nicht etwa spontane Erfindung von Texten aus dem Nichts heraus, sondern Probentechnik (wie später, vgl. p. 65), noch genauer auszuführen sein wird) und bestens eingeschliffene Zitier- und Collagentechnik.* **99**

Großaufnahme zeigte, in der sie sich aber nicht erschöpfte. Für den Hanswurst war der Gag wesensbedingt, für den Commedia-Schauspieler war der Lazzo ein Spiel im Spiel, eine Art Fiktion. Und gleichzeitig eine Form der Auseinandersetzung.

◆◆◆ Der hungernde Arlecchino kann seinem Hunger in den Lazzi mit den Mitteln des Theaters sichtbar und auf eine vordergründig vergnügliche Art Ausdruck verschaffen, etwa indem er vor Hunger weint und dabei seine Unterlippe soweit nach vorn zieht, daß sie zum Auffangbecken für seine Tränen wird, die er genüßlich schlürft und von denen er, mangels anderer Nahrung, zu leben vorgibt. ◆

In jedem Moment des Spiels aber ist sich der Schauspieler stets bewußt, daß sein Lazzo eine Fiktion und als solche eine Form von Realitätsbewältigung ist. Er erschöpft sich nicht im Lazzo, er bleibt kontrolliert; die innere Distanz gehört zum Wesen des Lazzo.

Wie die ganze Commedia dell'arte insgesamt, so ist auch der Lazzo eine Art Fiktion, welche die Realität wiederspiegelt. Er geht von der Realität aus, formt sie mit den eigenwilligen Mitteln des Theaters um und gibt sie dem Publikum als eine universal gültige zurück.

Mit den Spielbedingungen wechselte das Bühnenbild

Der szenische Raum, den die Commedia-Spieler für ihre Vorstellungen verwendeten, war betont einfach. Das hatte seinen Grund vor allem in den fast täglich wechselnden Spielbedingungen: die Truppen spielten in Theatern, in Sälen und im Freien – da mußte die Bühneneinrichtung praktikabel und leicht zu transportieren sein.

◆◆◆ Der meistverbreitete Bühnenbildtypus war der mit seitlichen Stellwänden, die eine Reihe von «Häusern», meist mit einer Tür und einem Fenster, vorstellten und die perspektivisch angeordnet waren. Das gab in der Mitte einen freien Raum, eine Piazza mit von den Seiten her auf diesen Platz mündenden Seitengassen.

Die «Häuser» hatten eine doppelte Funktion: sie bezeichneten einerseits die «Hemisphäre» die Wohn- und Einflußbereiche, das Revier der an einem Spiel beteiligten Personengruppen (Familie des Pantalone, des Dottore usw.); und sie boten andererseits Gelegenheit für die zahlreichen Lazzi und Späße: das Spiel ging in schnellem Rhythmus hin und her, von Tür zu Tür, von Fenster zu Fenster, entwickelte sich plötzlich aus einer oder mehreren Gassen heraus, gab den Spielern die Möglichkeit, sich zu verbergen und zwinkernd hinter einer der Stellwände hervorzugucken und in stummem Spiel oder mit witzigen «à parts» das Geschehen auf der Bühne zu kommentieren. Die Commedia-Spieler nützten ihr Bühnenbild voll aus, sie waren die Akteure, das Bühnenbild war lediglich Hilfsmittel und Spielangebot. Es war bloß dazu da, den Spielern einen Aktionsraum zu geben, hatte jedoch nicht die Funktion, Illusionen zu wecken, Ambiance zu vermitteln

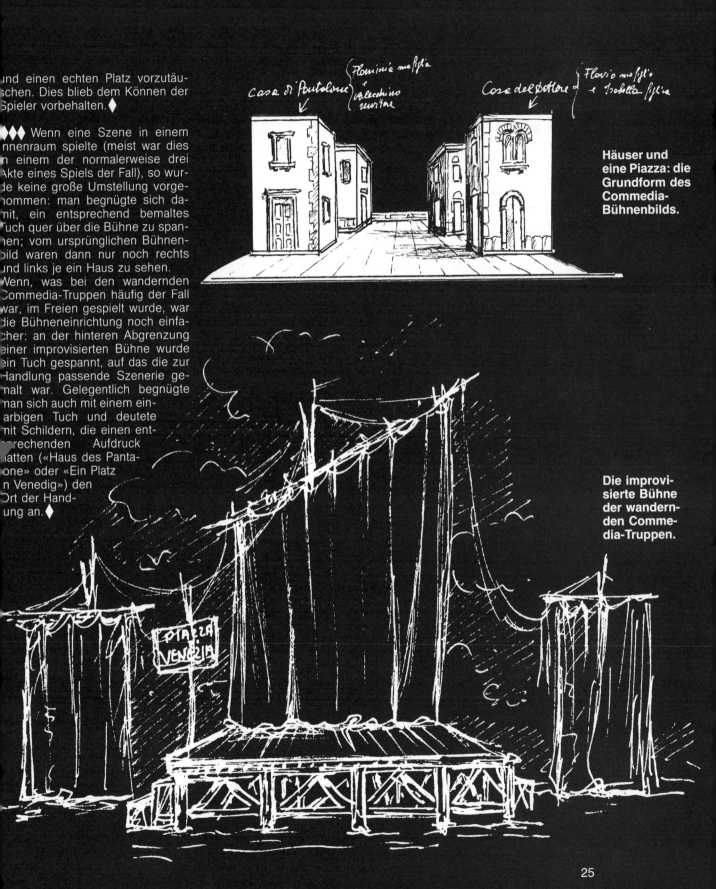

und einen echten Platz vorzutäuschen. Dies blieb dem Können der Spieler vorbehalten.◆

◆◆◆ Wenn eine Szene in einem Innenraum spielte (meist war dies in einem der normalerweise drei Akte eines Spiels der Fall), so wurde keine große Umstellung vorgenommen: man begnügte sich damit, ein entsprechend bemaltes Tuch quer über die Bühne zu spannen; vom ursprünglichen Bühnenbild waren dann nur noch rechts und links je ein Haus zu sehen. Wenn, was bei den wandernden Commedia-Truppen häufig der Fall war, im Freien gespielt wurde, war die Bühneneinrichtung noch einfacher: an der hinteren Abgrenzung einer improvisierten Bühne wurde ein Tuch gespannt, auf das die zur Handlung passende Szenerie gemalt war. Gelegentlich begnügte man sich auch mit einem einfarbigen Tuch und deutete mit Schildern, die einen entsprechenden Aufdruck hatten («Haus des Pantalone» oder «Ein Platz in Venedig») den Ort der Handlung an.◆

Casa di Pantalone

Flaminia moglia
Arlecchino servitore

Casa del Dottore

Flavio moglio
Isabella figlia

Häuser und eine Piazza: die Grundform des Commedia-Bühnenbilds.

Die improvisierte Bühne der wandernden Commedia-Truppen.

PIAZZA VENEZIA

◆◆◆ In einzelnen Fällen freilich gab es auch künstlerisch ausgestaltete und bis ins Detail «realistisch» ausgearbeitete Bühnenbilder, manchmal mit aufwendiger Bühnenmaschinerie, die bei den Lazzi und einzelnen Handlungssequenzen dienlich sein konnte. Das war vor allem der Fall, wenn eine Truppe bei ihrem Gönner, d. h. am Hof eines Fürsten spielte, der die Ausgestaltung des Bühnenraums den hofeigenen Malern und Architekten übertrug. ◆

Die Commedia dell'arte war «armes» Theater

Bezeichnenderweise wurden in den Commedia-Spielen praktisch keine Möbelstücke verwendet, wenn man von den zwei bis drei Schemeln absieht, die oft zum Grundinventar einer Bühneneinrichtung gehörten. In Flaminio Scalas «Teatro delle favole rappresentative» beispielsweise werden lediglich in sieben der insgesamt fünfzig Canovacci Möbelstücke vorgeschrieben: in «Der Capitano» (ein Tisch mit Stühlen), im «Cavadente» (ein schöner Stuhl), in «Der Spiegel» (zwei niedere Stühle), in

«Der eingebildete Blinde» (ein Schemel mit drei Beinen), in «Die sternkundige Isabella» (ein schöner Stuhl), in «Die bezaubernde Rosaura» (ein Genoveser Stuhl) und in «Das Glück der Prinzessin von Moskau» (ein Tisch mit Eßwaren). Der Grund war einsehbar: in der Commedia dell'arte wurde nicht gesessen. In der Raschheit des Spiels, im ununterbrochenen Rhythmus der Aktion und in den schnellen Wechseln von Spielsituationen waren sitzende Personen nicht denkbar; das hätte die Handlung zum Stehen gebracht und den Rhythmus unterbrochen. Wenn in seltenen Fällen dennoch ein Möbelstück (Stuhl, Sessel, Tisch) benützt wurde, so hatte es nicht die Funktion eines realistischen Requisits, sondern war Spielelement, diente lediglich dazu, einen Lazzo zu beenden, und konnte verschiedene Bedeutungen haben.

Prunk und Ausstattung: Commedia dell'arte als Hoftheater.

Andere Requisiten wurden dagegen sehr zahlreich eingesetzt, waren wichtig für den Gang der Handlung: Schlüssel, Lampen, Bündel, Koffer, Hellebarden, Stöcke, Spiegel, Geldbörsen, Weinflaschen usw. Diese Requisiten wurden aber ebenfalls nie bloß realistisch eingesetzt, sondern konnten im Verlauf einer Handlung (oder eines Lazzo) ihre Bedeutung mehrfach ändern.

Aus den Figuren und den Spielbedingungen ergab sich der Spielstil

Die Anordnung des Bühnenbilds als äußeres und das Geflecht der gegenseitigen Beziehungen (vgl. p. 9 ff.) als inneres Strukturelement hatten unmittelbare Auswirkungen auf die *Bewegungsabläufe*, die fast geometrischer Art waren. Die Handlung bewegte sich in einem Dreieck, das als Grundriß der Spielfläche gegeben war und in dem sich die Figuren nach bestimmten Mustern bewegten. Die Mittelachse des Dreiecks, gegeben durch das Zentrum der Piazza und den Fluchtpunkt der Perspektive, war gleichzeitig auch die Symmetrieachse der Handlungsabläufe.

Konkret heißt das: wenn ein Schauspieler die Bühne betrat, mußte er auf die Stellung der andern Spieler achten, und die andern mußten durch eine Veränderung ihrer Stellung auf seinen Auftritt reagieren. In jeder Phase der Handlung mußte das szenische Arrangement im inneren und äußeren Gleichgewicht sein. Wenn beispielsweise Pantalone im Zentrum der Bühne war, so war damit gleichzeitig auch die Position der übrigen Figuren bestimmt: die Innamorati etwas seitlich von Pantalone, die beiden Diener auf der Vorderbühne, einer links, der andere rechts.

Man kann sich die Commedia-Bühne als eine nur auf einem Punkt aufliegende Plattform in labilem Gleichgewicht vorstellen. Je nach sozialer bzw. dramaturgischer Bedeutung hatte eine Figur mehr oder weniger «Gewicht» und bestimmte somit die Stellung der andern. Wenn Arlecchino die Bühne betrat, so stellte er sich instinktiv ins Zentrum; kam Brighella dazu, blieb er am Rand der Bühne stehen und Arlecchino begab sich sofort auf die andere Seite der Bühne: das Gleichgewicht war da.

Das Spiel der Commedia dell'arte folgte den Gesetzen der szenischen «Geometrie»: Mittelachse und Mittelpunkt.

Der Spielstil hatte Konsequenzen: Kostüm und Maske

Die Figuren der Commedia dell'arte, als stückunabhängige Vertreter einer universal gültigen menschlichen Grundhaltung: das hatte Konsequenzen für die schauspielerische Darbietung: die Körperhaltung, die Art der Bewegung, die Stimme, alles hatte sich der Figur anzupassen. Sichtbarer Ausdruck und konstituierendes Element der Commedia dell'arte waren dabei das Kostüm und die Maske.

Das Kostüm: der Schnitt, die Qualität und die Preisklasse des Stoffes und auch die Farbe hatten Signalwirkung: sie definierten den sozialen Status einer Gestalt.

Die heute jedermann bekannten «typischen» Kostüme der Commedia dell'arte (z. B. das «Patchwork»-Kostüm des Arlecchino) sind jedoch das Ergebnis einer langen Entwicklung, die einherging mit einer zunehmenden Stilisierung. Von einer Schauspielergeneration zur nächsten wurden die Kostümvorstellungen weitergegeben, verändert, standardisiert und nahmen schließlich ihre heute noch verbindliche Form an.

Mit der Zeit hat sich das Kostüm von diesem unmittelbaren Realismus gelöst und eine eigene Entwicklung genommen, an dem die Phantasie der Spieler, die Tradition der Commedia dell'arte selbst, der ihr eigentümliche Stil und das Realismusverständnis einen wesentlichen Anteil hatten. In keiner westlichen Theaterform ist die Wechselwirkung zwischen Kostüm und Spieltradition so eindeutig wie in der commedia dell'arte. Und in keiner Theaterform läßt sich die Entwicklung so genau ablesen: die allmähliche Umformung von der «Kleidung» zum «Kostüm»

Es ist heute nicht mit Sicherheit auszumachen, wann und warum die Schauspieler der Commedia dell'arte sich entschlossen haben, *Masken* zu tragen. Es können höchstens Hypothesen aufgestellt werden unter Bezugnahme auf das religiöse Theater des Mittelalters, auf Karnevalsrituale oder auf die ans lateinische Theater anknüpfende und die Figuren von dort übernehmende Tradition des Volkstheaters. Es kann aber auch, viel einfacher, mit Barrault die These vertreten werden, die Maske sei «letztlich bloß die konsequente Weiterführung der Schminke»: eine demontable und wieder verwendbare Hülle, welche an die Stelle der Schminke tritt. Es ist bekannt, daß die Commedia-Schauspieler charakterisierende Gesichtszüge zunächst mit Schminke (Gesichtsfarbe, Stirn- und Mundfalten) und mit aufgeklebten Versatzstücken markierten: mit überdimensionierten Nasen, buschigen Augenbrauen, Bärten, aufgeblasenen Wangen usw. Wahrscheinlich waren es dann praktische Überlegungen, welche die Commedia-Schauspieler bewogen haben, alle diese Versatzstücke miteinander in einer Halbmaske zu kombinieren. Ein technisches

Hilfsmittel also, schnell und bequem in der Anwendung, das aber weitreichende Folgen hatte: die Charakterisierung wurde formalisiert und damit wurde gleichzeitig eine stückunabhängige Figurentradition begründet; mit der Einführung der Masken waren die Figuren in einem übergreifenden Sinne festgelegt, dem Publikum waren sie schon vor Beginn der Aufführung bekannt. Commedia-Masken waren aber immer Halbmasken: da das Wort (neben dem Körperausdruck) zentrales Element der Commedia dell'arte war, mußte die Mundpartie frei bleiben.

Anfänglich haben die Schauspieler sich ihre Masken selbst verfertigt, mit «armen» Materialien wie Leinen, Kork oder Papier; im Ausdruck

Die Kostüme der Commedia dell'arte in ihrer historischen Entwicklung: Die Bilder auf dieser und den folgenden Seiten zeigen die Kostüme der Hauptfiguren der Commedia dell'arte aus dem 16., 17. und 18. Jahrhundert.

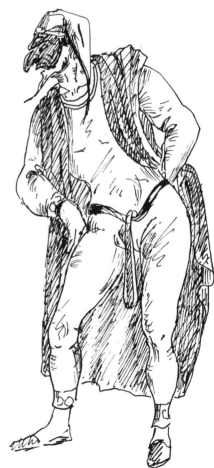

waren sie einfach und tierhaft. Erst später, als die Schauspieler Ledermasken trugen, die sie bei Schustern und Sattlern in Auftrag gaben, bekamen die Masken einen genaueren psychologischen Ausdruck, wurden gleichzeitig aber auch standardisiert: ein weiterer Schritt zur Typisierung der Figuren.

So müssen die ersten Commedia-Schauspieler auf ihren Masken mit hellen Farben das menschliche Gesicht abzubilden versucht haben. Frühe Abbildungen belegen dies.

Erst mit der erwähnten Standardisierung haben sich dann die heute üblichen Maskenfarben (Lederfarben) durchgesetzt: dunkelbraun für die «Alten», hellbraun oder rotbraun für die Zanni.

Da die Maske wesentliche Teile des Gesichts verdeckte, blieben Gefühlsregungen, die in der Physiognomie ihren Ausdruck finden, für den Zuschauer unsichtbar. Der Schauspieler war gezwungen, sie mit dem Körper auszudrücken, mit Verhaltens- und Bewegungsmustern, in denen der Gedanke sichtbare Aktion, das Wort deutliche Ge-

29

turellen Bedingungen der Zeit hätte eingehen können. Dies erklärt sich wohl in erster Linie aus der spezifischen Befähigung der Commedia-Schauspieler: aus ihrem Willen, sich nicht von den festgefahrenen Formen einer klassischen Literatur verpflichten zu lassen, und aus ihrem ausgeprägten Realitätssinn; aus ihren täglichen Beobachtungen und Erfahrungen heraus schufen sie ihre Figuren und machten sie zu typischen Vertretern der jeweiligen gesellschaftlichen Realität, die sie ihrerseits wieder einbetteten in die Universalität der tradierten Figuren. Ihren eigentlichen Höhepunkt erlebte die Commedia dell'arte am Ende des 16. und in der ersten Hälfte des 17. Jahrhunderts. Damals war sie das Zentrum des Theatergeschehens, und zwar nicht nur in Italien, sondern auch in Frankreich, vor allem in Paris, wo die Commedia dell'arte, abgesehen von einigen kleinen Unterbrüchen über hundert Jahre lang heimisch war. Auch in andern Ländern des damaligen Europa erlebte die Commedia dell'arte ihre Erfolge, wenn sie auch nicht so spektakulär waren wie in Frankreich. Überall jedoch hat sie Spuren hinterlassen und Einfluß auf das nationale Theatergeschehen ausgeübt.

Das Jahrhundert der Aufklärung brachte dann den Niedergang der Commedia dell'arte: die künstlerische Qualität der Aufführungen war zwar nachweislich die gleiche geblieben, Phantasie und Improvisationsfähigkeit der Spieler waren auf gleichem Niveau, wenn nicht sogar besser als zuvor, aber «das Zeitalter der Vernunft und der Empfindsamkeit wußte mit dieser Art von Phantasie nichts mehr anzufangen». (Nicoll)

ste wurde: die Commedia dell'arte wurde zum Körpertheater.

Die Verlagerung des Ausdrucks in den Körper hieß aber nicht, daß der Gesichtsausdruck «stillgelegt» wurde; damit der Körperausdruck stimmte, vor allem aber damit die bei der Halbmaske sichtbare Mundpartie zum Ausdruck der Maske paßte, durfte das Gesicht nicht ausdruckslos bleiben. Auch hinter der Maske «arbeitete» der Schauspieler, die Physiognomie ging mit.

Blüte und Niedergang der Commedia dell'arte

Es gibt wohl keine vergleichbare Theaterform, die vitaler gewesen wäre als die Commedia dell'arte, keine Theaterform, die mit ebenso viel Wendigkeit und Anpassungsfähigkeit auf die historischen und kul-

Es gibt allerdings noch einen andern Grund für den Niedergang der Commedia dell'arte, und dieser trägt konkrete Namen: Molière, Marivaux, Goldoni u. a. Indem diese Autoren, am stärksten wohl Goldoni, sich von der Commedia dell'arte inspirieren ließen, die Personen und Handlungsabläufe übernahmen, sicherten sie der Commedia dell'arte zwar einen literarischen Fortbestand, trugen aber gleichzeitig zu ihrem Untergang bei, da sie einerseits die Figuren individualisierten (was sich aus dem Bedürfnis nach mehr psychologischer Genauigkeit erklären läßt) und ihnen somit das Archaische und Universale raubten, und andererseits die Texte festschrieben und damit die Vitalität der Improvisation abblockten.

Der Schauspieler wurde zum Vollzugsbeauftragten des Bühnendichters; ihm oblag die Aufgabe, die Welt so zu zeigen, wie der Dichter sie sah, und dabei die Regeln zu beachten, die jener ihm gab. Der Mensch begann sich selber zu erforschen, er fragte in der Philosophie nach den Ursachen und Gründen von Dingen und Vorkommnissen, das Vorstellungsvermögen erlahmte und wurde von einer empirisch orientierten Lebensauffassung verdrängt. Das Umfassende der großen Gefühle, die Universalität der Figuren, die Einbildungskraft, die Größe des Gedankens der sichtbaren Handlung, und des Worts, das sichtbare Geste wurde, die Maske, die aus den alltäglichen Gesichtern einprägsame und streng formalisierte Physiognomien gemacht hatte: dies alles geriet in Vergessenheit und machte einer veristischen Theaterauffassung Platz. Was ursprünglich «Ritus» war, wurde reduziert, die Bühne wurde oft zum bloßen Informationsträger für philosophische Gedankengänge und verarmte. Es verging eine lange Zeit, bis man den rituellen Charakter des Theaters wiederentdeckte.

Man könnte aus einer etwas anderen Optik heraus allerdings auch die These aufstellen, die Commedia dell'arte sei gar nie untergegangen, sie sei bloß vorübergehend aus der Mode gekommen, von herrschenden Mentalitäten in den Hintergrund gedrängt worden, doch stets am Leben geblieben: als dauerhafte Form eines Theaters, das Zuschauer wie Schauspieler in gleicher Weise stimuliert; den Zuschauer, weil sie ihm auf unterhaltsame und phantasievolle Weise das universale Spiegelbild seiner Welt vermittelt; den Schauspieler, weil sie mehr als jede andere Theaterform von ihm all das abverlangt, was einen guten Schauspieler ausmacht.

Spurensicherung

Und trotzdem, ein Blick in die Theatergeschichte, vorab in die italienische, macht deutlich: die Commedia dell'arte ist nicht untergegangen, weder in der Folge der Aufklärung noch durch den Einfluß Goldonis und seiner Theaterreform. Viele Zeugnisse belegen, daß sie weiterbestanden hat, wenn auch in veränderter Form: sie hat sich gleichsam in Einzelteile aufgelöst, in «Intermezzi» und «Arlecchinaten», in Farcen, die ein Publikum, das sonst eher dem ernsten Theater zugetan war, immer wieder mit Genuß zur Kenntnis nahm; Komik als wohltuende Entspannung.

Vor allem in Italien, aber auch anderswo: bei vielen Theaterabenden mit Stücken namhafter Autoren wie Alfieri, Ibsen, Strindberg, Shaw, Rostand u. a. war der Erfolg nur sicher, wenn irgendwo eine komische Einlage oder eine «farsa finale» gegeben wurde. In Italien wurden diese «farse» sogar noch meist improvisiert.

Diese «farse» (oder Einlagen) waren nichts anderes als die Canovacci der Commedia dell'arte, die man auf eine Dauer von höchstens vierzig Minuten zurechtgestutzt hatte, deren Situationen und deren Lazzi man den allgemeinen Anforderungen der Zeit oder den spezifischen eines Theaterabends anpaßte. Masken gab es allerdings keine mehr, die Kostüme waren nicht mehr die der Commedia dell'arte, sondern «à la mode», die Figuren hießen nicht mehr Pantalone, Arlecchino oder Brighella. Geblieben war von der Commedia dell'arte aber der Stil, die Aufführungs- und Improvisationstechnik. Geblieben waren auch, hinsichtlich der Inhalte, die großen Themen, die seit je die Inhalte der Commedia dell'arte geprägt hatten: der Hunger, die Angst und die Liebe.

Eine Form von Wiederaufnahme der Commedia-Tradition manifestierte sich in dem, was sich in Italien während und unmittelbar nach dem Zweiten Weltkrieg tat. Die Wandertruppen, die keine Möglichkeit hatten, in den Theatern zu spielen, da die meisten zu Kinosälen umgebaut worden waren, sahen sich gezwungen, mit eigenen Einrichtungen auf öffentlichen Plätzen zu spielen. Aus Kostengründen wollten sie natürlich so lange wie möglich an einem Ort bleiben, und da das Publikum jeden Abend etwas anderes sehen wollte, waren sie gezwungen fünfzig bis sechzig verschiedene Stücke auf dem Repertoire zu haben. Ihr Repertoire, in der Hauptsache volkstümlich ausgerichtet, reichte von den larmoyanten Stücken Dennerys bis zu den Tragödien Shakespeares, von den französischen «pochades» bis zu Niccodemi, von Alfieri bis d'Annunzio. Kein Stück jedoch wurde ohne die komische Einlage, bzw. die farsa finale gespielt. Die Größe des Repertoires hatte Folgen für den Aufführungsstil: da sie viele Stücke nacheinander spielen muß-

ten, vertrauten die Schauspieler eher ihrer Improvisationsgabe als ihrem Gedächtnis; was sie spielten, war im ursprünglichen Sinne der Commedia dell'arte «a soggetto» (vgl. p. 9)

Die Anwesenheit solcher wandernden Theatertruppen wurde von den örtlichen Kinobesitzern nicht gern gesehen. Die Einnahmen in den Kinos gingen zurück, und so suchten sie Mittel und Wege, um die Theaterensembles aus der Stadt zu haben. Auch die Kirche – vorab in ländlichen Gebieten – sah es, wenn auch aus ganz andern Gründen, nicht gern, wenn wandernde Theatertruppen auftraten: noch bis in die fünfziger Jahre dieses Jahrhunderts hinein galt Theater als eine Versuchung des Bösen, als Sünde, und es gab nicht wenige Geistliche, die von der Kanzel herab die Verwerflichkeit des Theaters und der Schauspieler anprangerten und da-

Die «Spielregeln» als Resultat der Geschichte

Der spezifische Spielstil, den die Commedia dell'arte im Verlaufe ihrer langen Tradition entwickelt hat und an dem die Faktoren Inhalt, Figuren, Improvisation, Bühne, Kostüm und Maske in gleichem Maße beteiligt sind, läßt sich hinsichtlich der Bedingungen und Anforderungen an den einzelnen Spieler in fünf fundamentale Spielregeln umsetzen.

Es sind Spielregeln, die sich als logische Konsequenz aus der Commedia dell'arte ergeben, die aber für jede Art Theater Gültigkeit haben können.

mit die Gläubigen vom Theaterbesuch abhalten wollten. Auch dies war ein Stück der Commedia-Realität.

Vielleicht hat diese Tradition der wandernden Truppen, dieser dünne Faden der Theatergeschichte, eine Theaterform am Leben erhalten und in unsere Zeit hinübergerettet, eine Theaterform, deren Ursprung die Commedia all'improvviso darstellt, und hat dafür gesorgt, daß die Commedia dell'arte wieder vermehrt gepflegt wird. In der Tat läßt sich in den letzten 25 Jahren eine Renaissance der Commedia dell'arte auch bei fest institutionalisierten Theatern beobachten: so beispielsweise am Piccolo Teatro in Mailand, das mit dem von Giorgio Strehler inszenierten «Arlecchino, Servitore di due padroni» zu Weltruhm gelangte. Auch andere Theater haben sich seither der Commedia dell'arte angenommen: die Compagnie Jacques Fabbri in Paris mit Santellis «La famille d'Arlequin», die Compagnia Eduardo di Filipo mit «Pulcinello» di Compagnia del Teatro universitario di Ca'Foscari mit «La commedia degli Zanni» und das vom Verfasser dieser Einleitung geführte Theatro 7 mit «Le farse della commedia dell'arte».

◆◆◆ Regel 1: Rücksicht

Der Schauspieler spielt für ein Publikum und seine Aufgabe ist es, dafür zu sorgen, daß er gehört, verstanden und gesehen wird; dies ist er dem Zuschauer schuldig. Doch diese Rücksicht kommt beim Spieler nicht von selbst, als frommer Vorsatz gleichsam; es braucht dazu Training und Selbstkontrolle.

Das hat nicht nur mit den akustischen Verhältnissen eines Theaterraums zu tun und mit den daraus sich ergebenden Konsequenzen für Stimmlage, Aussprache und Atemtechnik, sondern auch mit der kontrollierten körperlichen Präsenz: Stimme und Körper, Wort und Geste, Sprache und Motorik müssen sich wechselseitig ergänzen, damit jeder Zuschauer, auch der weitab von der Bühne sitzende, jede Reaktion der Spieler mitbekommt. Was auf dem Gesicht (oder auf der Maske) eines Spielers zu lesen steht, muß sich auch in der Körperhaltung und in der Motorik wiederfinden. Während die Grundhaltung des Körpers dabei eher von den physischen und biographischen Gegebenheiten der Figur geprägt wird, ist die Motorik immer auch Ausdruck soziokultureller Bedingungen.

Diese Rücksicht auf den Zuschauer hat aber auch mit der «Geometrie» des szenischen Arrangements zu tun: der Standort einer Figur auf der Bühne muß Ausdruck ihrer szenischen/dramaturgischen Funktion sein. Der Zuschauer muß ihn immer wahrnehmen und seine Stellung jederzeit verstehen können. ◆

◆◆◆ Regel 2: Wahrhaftigkeit

Um glaubwürdig zu wirken, muß eine Figur «wahr» sein; Voraussetzungen dafür sind das Beobachtungsvermögen des Spielers und seine Fähigkeit zur Nachahmung; denn wahr wird eine Figur erst dann, wenn sie über ihre historische «Hülle» hinausgeht und sich anreichert mit «Biographie», mit Alltag, den der Spieler um sich hat und den er immer wieder neugierig beobachtet, sich einprägt und in seine Figur umsetzt. Der Spieler darf dabei nicht distanziert, «objektiv» bleiben; er muß «subjektiv» werden, sich hineinversetzen, das Innere einer Figur begreifen lernen und anverwandeln. Andernfalls wirkt jede Rollendarstellung bloß stereotyp und der Spieler bleibt auf dem halben Weg seiner Arbeit stekken. – Aus dieser Forderung nach Wahrhaftigkeit ergibt sich fast zwangsläufig die ♦

♦♦♦ Regel 3: Dreidimensionalität der Figuren
Bei der Erarbeitung einer Figur/Rolle, aber auch in jedem Moment des Spiels muß sich der Spieler immer wieder drei Fragen stellen: wer war ich, wer bin ich, wer werde ich sein? Er muß nach Vergangenheit, Gegenwart und Zukunft, bzw. nach Biographie, gegenwärtiger Lage und Absicht seiner Figur fragen. Hinter den Stellwänden des Bühnenbilds ist der «Ort» ihrer Biographie: dort kommt die Figur her, wenn sie auftritt und von dorther ist auch ihre Körperhaltung (die ja das Resultat ihrer Biographie ist) gegeben. Die Bühne selbst ist der «Ort» ihrer Gegenwart: hier existiert die Figur, hier spricht und bewegt sie sich, hier handelt sie; und der Handlungsverlauf selbst (d.h. das Ende des Stücks) ist in einem abstrakten Sinn der «Ort» ihrer Zukunft: darin kommt der Weg zum Ausdruck, den eine Figur gehen will, ihre Absichten, ihre Hoffnungen und Ängste, ihre Wünsche und Zielvorstellungen.
Im Normalfall sind dem Schauspieler die meisten Antworten auf diese drei Fragen allein schon durch die Textvorlage weitgehend gegeben. In der Commedia dell'arte, d.h. beim Improvisieren von Inhalten und Szenenabläufen, ist die Auseinandersetzung mit diesen drei Fragen von zentraler Bedeutung. ♦

Das verlangt Wachsamkeit und eine über die Dimension der Figur hinausgehende Präsenz. Selbst mit einer noch so großen und noch so intensiven Identifikation kann diese Form von Kontrolle nicht geleistet werden. Als man Eduardo de Filippo fragte, wie er es anstelle, so ergreifend zu weinen, antwortete er: «Aber bitte, ich weine doch nicht; mir genügt ein verhaltenes Schluchzen, eine Fratze, ein Sprung. Das Publikum muß weinen, ich nicht.» ◆

◆◆◆ Regel 5: Symbolhaftigkeit
Die Spiele der Commedia dell'arte gehen von der Realität aus, verwandeln sie und geben sie dem Zuschauer als eine universal gültige zurück: die Figur muß also nicht bloß wahr, sondern in einem übertragenen und übertragbaren Sinne gültig sein, sie muß die Einbildungskraft und das Gefühl des Zuschauers ansprechen, damit er sich darin wiedererkennen kann. Was weiter oben über das Modell der gegenseitigen Beziehungen (vgl. p. 9 ff.) gesagt worden ist, gilt auch für die Spieltechnik der Commedia dell'arte: der Spieler hat darauf zu achten, daß seine Darstellung den biographischen und sozialen Realitäten seiner Figur entspricht, *und* er muß ihr gleichzeitig jene symbolische Dimension geben, die dem Zuschauer nicht die Identifikation, aber das Wiedererkennen erlaubt. ◆

◆◆◆ Regel 4: Identifikation und Kontrolle
Der Spieler muß sich so intensiv wie möglich mit seiner Rolle identifizieren *und* muß gleichzeitig seine Figur gleichsam von außen kontrollieren, sich selber sehen können, damit die Reaktionen der Figur und der Rhythmus des Spiels glaubwürdig und konsequent sind. Das Verhältnis zwischen dem Spieler und seiner Figur ist vergleichbar mit dem zwischen Reiter und Pferd: das Pferd «macht das Rennen», aber der Reiter muß die Strecke abschätzen, muß auf Hindernisse und Rahmenbedingungen achten. Genauso der Schauspieler, der seine Figur «reitet», mit ihr eine Einheit werden muß; gleichzeitig muß er aber auf die technischen Rahmenbedingungen (Kostüm, Maske, Licht, Bühnenbild, Zuschauer) achten.

TEIL II
Die theaterpädagogische Zielsetzung

Commedia dell'arte als Verweigerungsform?

In der Theaterlandschaft der letzten Jahre gibt es vor allem zwei Tendenzen zu beobachten, die sich auf die Tradition der Commedia dell'arte berufen: Ensembles, Spielgruppen, Freie Theater, die ihr Selbstverständnis, ihre kulturelle Funktion und ihren sozialen Status oft mit dem Hinweis und unter Bezugnahme auf die Commedia dell'arte gleichsam historisch legitimieren.

Da ist zum einen das Straßentheater: Gruppen, die nicht in etablierten Häusern spielen wollen, die auf Innenraum und «bestelltes» Publikum verzichten, die in Fußgängerzonen, auf Straßen und Plätzen auftreten und ein eher zufälliges Publikum ansprechen wollen: Volkstheater zwischen zwei Einkäufen. Mit der Commedia dell'arte hat das insofern zu tun, als auch diese «Freien Gruppen» meist mobile Improvisationstheater sind, die sich um eine Spieltechnik bemühen, welche die Aufmerksamkeit des Publikums auf sich zieht; sie beschäftigen sich mit Inhalten, die ziemlich konkret mit der sozialen Realität des Publikums zu tun haben, sie sehen das Publikum als «aktiven» Partner, nehmen seine Reaktionen als Spielimpulse und improvisieren, so gut es eben geht: Die Tradition der Commedia dell'arte als alternative Spielform zu einem als «akademisch» oder als «bürgerlich» denunzierten Theaterbetrieb.

Und da ist zum andern die Bewegung der Fools und Freaks, die sich ebenfalls auf die Commedia dell'arte berufen, die in den außerhalb aller sozialen Institutionen stehenden, gelegentlich gar vogelfreien und vor allem von der Kirche geächteten Commedia-Schauspielern ihre Ahnen und Vorbilder sehen: gleichsam als Hofnarren der Gesellschaft, im stabilierten Rahmen geduldet, ohne gesellschaftliche Sicherungen und gerade deswegen in der Lage, gesellschaftliche und politische Deformationen gleichsam aus der «Froschperspektive» zu sehen, eine Art «subversiver» Ästhetik zu entwickeln, Kritik in einer ihnen in einem kollektiven Konsens zugestandenen Narrenfreiheit darzustellen, Auswüchse zu denunzieren: Die historisch nicht zuverlässig gesicherte und manchmal auch überinterpretierte existenzielle Realität der Commedia-Schauspieler als Lebensform, als Verweigerungsform in der bürgerlichen Gesellschaft.

Die Commedia dell'arte – eine Chance für die Theaterpädagogik und den Literaturunterricht

Daneben aber gibt es auch den theaterpädagogischen Ansatz, die Spielformen und die Techniken (d. h. die inhaltliche und die ästhetische Seite) der Commedia dell'arte für die Theatererziehung nutzbar zu machen, als Spiel*prinzip* und als Spiel*inhalt*.

Indem es von der Commedia dell'arte ausgeht und deren Anwendbarkeit als eine mögliche Disziplin der Theaterpädagogik beschreibt, definiert dieses Buch Theater als Handwerk: Maskenspiel, Körper- und Ausdrucksschulung sowie Improvisationstraining stehen daher im Zentrum der konkreten Theaterarbeit.

Die Theaterpädagogik der letzten Jahre hat aus guten Gründen die Persönlichkeitsentwicklung sowie die Entwicklung und Förderung der kreativen, sozialen und expressiven Fähigkeiten, das spielerische Entdecken und möglicherweise auch Verändern der eigenen Konditioniertheit mit den Mitteln, die das Theater als Prozeß anzubieten hat, thematisiert und realisiert. Sie hat das Theater als Theater aber vernachlässigt, weil sie der psychologischen Seite zu ausschließlich Rechnung getragen hat.

Theater und Schulspiel als ein Ort, an dem man sich freischwimmen kann von Zwängen und Frustrationen aller Art: das ist richtig und hat seinen verdienten Platz in der Pädagogik, keine andere Disziplin hat auch nur vergleichbare Möglichkeiten. Diese Auffassung kann aber tendenziell zur Folge haben, daß Theater als solches in den Hintergrund gestellt wird, d. h., daß die Theaterpädagogik vielleicht zu schnell und zu bereitwillig auf die formalen Ansprüche und ästhetischen Dimensionen des Theaters zugunsten einer auf die Befreiung des Individuums ausgerichteten Spielpädagogik verzichtet.

Theater als Theater, als pädagogisches Anliegen *und* in seiner ursprünglichen Bedeutung, Theater als Theater mit all seinen spieltechnischen Konsequenzen: das ist – unter anderem – die Ausrichtung dieses Buchs. Das heißt aber auch – und dies wird in den nachfolgenden Überlegungen immer wieder von zentraler Bedeutung sein – zuschauerorientiertes Spielen. Denn mehr als jede andere Theaterform bezieht die Commedia dell'arte den Zuschauer als Partner mit ein. Dies ist auch in den didaktischen Überlegungen zu berücksichtigen. Zuschauerorientiertes Spielen meint aber nicht jenes vielbescholtene, eingefuchste «Vorzeigetheater», zuschauerorientiertes Spielen hat formale Konsequenzen im Arbeitsprozeß, ist also eine ästhetische Dimension und wird im folgenden auch so verstanden.

Die Commedia dell'arte kann nicht einfach als feste Größe oder wie ein Markenzeichen in das Unterrichtsangebot der Theaterpädagogik bzw. des Schulspiels eingeführt werden. Soll die Commedia dell'arte nicht bloß «Stoff», d. h. möglicher Spiel*inhalt* sein und soll sie andererseits nicht zur plumpen Clownerie und zum Zirkusplausch degenerieren, so ist zu begründen, wo die Commedia dell'arte für den Lernenden zu einem wichtigen und gewinnbringenden Lernprozeß werden kann, wo die didaktischen bzw. pädagogischen Ansätze liegen:

In den nachfolgenden Überlegungen gehen wir der Frage nach, wie und mit welcher Zielsetzung die Spielformen und Spieltechniken der Commedia dell'arte als theaterdidaktischer Ansatz (im Schulspiel, aber auch im Literaturunterricht und zum Teil selbst im Fremdsprachenunterricht) eingesetzt und durchgeführt werden können. Diese Überlegungen beziehen sich auf die Arbeit mit Schülern der gymnasialen Oberstufe und Seminare. Diese Einschränkung ermöglicht eine genauere Konkretisierung und eine präzisere Ausgestaltung der einzelnen Problemstellungen. Eine Übertragung auf ein anderes Zielpublikum (z. B. auf außerschulische Spielgruppen, Studententheater, Schauspielschüler, Laienspieler usw.) ist – unter Berücksichtigung der jeweiligen Voraussetzungen und Bedürfnisse – durchaus denkbar und problemlos durchzuführen.

Die Schwerpunkte in der Arbeit mit der Commedia dell'arte

Die Commedia dell'arte hat vier Hauptmerkmale, in denen sie sich definiert, an denen der didaktische Ansatz gezeigt wird und bei denen die theaterpädagogische Arbeit einsetzen kann:

Das Spielen innerhalb eines festgelegten und genau definierten Personals;

das Spielen mit Masken;

die Improvisation auf der Basis des «canovaccio»;

die «Bühnengrammatik» und der Spielstil der Commedia dell'arte.

Spielen mit Figuren

Die Figuren der Commedia dell'arte haben genau bestimmte Charakterzüge, die wesentlichen Elemente ihrer «Biographie» sind weitgehend bestimmt (und können dennoch innerhalb des vorgegebenen Rahmens vielfältig variiert werden), ihre Verhaltensmuster und Handlungsformen sind durch die Tradition der Commedia dell'arte weitgehend bestimmt. Die Figuren, die sich im Verlaufe der Geschichte der Commedia dell'arte herausgebildet und gefestigt haben, stellen in einem gewissen Sinne Abstraktionen bzw. ironisierte Typisierungen von Formen menschlichen Verhaltens dar. Zentrales Element der Rollenauffassung und -darstellung ist dabei die Ironie, die trotz der vorwiegend komischen Inhalte der Commedia dell'arte auch ihre durchaus ernsten und gelegentlich auch tragischen Dimensionen bekommen kann. In einem entscheidenden Punkt allerdings unterscheidet sich die didaktische Arbeit, wie sie hier verstanden wird, von der historischen Realität der Commedia dell'arte: während die Commedia-Schauspieler oft ihr ganzes Leben lang die gleiche Rolle spielten (vgl. historische Einleitung, p. 22), soll ein Schüler nach Möglichkeit alle Figuren der Commedia dell'arte im Spiel erfahren und seine Ausdrucksmöglichkeit gerade am Neben- und Nacheinander der einzelnen Figuren trainieren; ein «Abrichten» auf bloß eine Figur/Rolle ergäbe didaktisch keinen Sinn. Das hat aber Konsequenzen für die konkrete Arbeit: im Umgang mit den Figuren, im Bereich der Ausdrucksschulung und der Arbeit mit den Masken, aber auch im Bereich der Improvisations- und Interaktionstechnik.

Das Spielen mit verschiedenen, aber allesamt fest umrissenen, dem Schüler jedoch niemals aufdiktierten Figuren bringt im Theaterunterricht verschiedene Vorteile. Die Übernahme der Rolle fällt dem Lernenden leichter, da die Figuren, so verschieden die Stücke auch sein mögen, immer die gleichen bleiben. Der Schüler gewöhnt sich an die rollentypischen Merkmale und kann somit die unterschiedlichen und stets wechselnden Situationen besser bewältigen, hat eine sichere Basis für die Improvisation. Es wird allerdings dem Geschick des Spielleiters überlassen, daß die archetypischen Figuren der Commedia dell'arte zu repräsentativen gesellschaftlichen Modellfällen, und nicht zu plumpen Klischeefiguren werden. Die richtige Linie zwischen Klischierung und Neutralisierung zu finden erweist sich mitunter als Gratwanderung.

Mit dem Hinweis auf den archetypischen Charakter der Figuren entfällt auch der mögliche Einwand, diese Figuren spiegelten eine ganz bestimmte historische Realität (die noch weitgehend feudalistisch organisierte Gesellschaft des 16./17. Jahrhunderts) und sie seien überdies ihrem Verhalten nach typisch «italienische» Figuren. Sowohl in der zeitlichen als auch in der räumlichen Dimension sind diese Figuren universal. Es zeigt sich auch immer wieder, daß Schüler keinerlei Schwierigkeiten haben, sich in diese Rollen zu versetzen, und daß ihnen die Bezüge zu ihrem eigenen «Hier und Heute» durchaus einsehbar und nachvollziehbar sind.

Die Möglichkeit zur schnellen und relativ problemlosen Rollenidentifikation erklärt sich aber nicht nur aus dieser Universalität der Figuren; zwei andere Gründe wirken mit: zum einen sind die Figuren der Commedia dell'arte keine Abziehbilder, keine platten Kopien der Alltagsrealität, sondern an der Realität orientierte Stilisierungen, was dem Spiel und damit der Kreativität und der Phantasie neue Dimensionen eröffnet: mit diesen Figuren kann man experimentieren, mit ihnen kann man der Realität «entgegenspielen». Zum andern entdecken die Schüler im Personengeflecht der Commedia dell'arte ein soziologisches Modell mit durchschaubaren Machtstrukturen, in dem sie ihre eigenen «hierarchischen» Probleme und Konflikte ausspielen können: Positiv-Identifikationen mit denen «unten» (Arlecchino, Brighella, Colombina), Negativ-Identifikationen mit denen «oben» (Pantalone, Dottore, Capitano). Im Spiel können Unterlegenheitsgefühle ausagiert und kompensiert werden. Dies mag auch erklären, warum bei Schülern die Spiele der Commedia dell'arte außerordentlich beliebt sind.

Hinsichtlich der geschlechtsspezifischen Rollenverteilung wird man der Commedia dell'arte eine männerorientierte und patriarchalische Mentalität nicht absprechen können; die Frau, sofern sie in der Commedia dell'arte in Erscheinung tritt, ist in die Rolle der Dienerin oder der Geliebten, so oder so also in die Rolle des verfügbaren Objekts verwiesen, wenn man von gewissen emanzipatorischen Ansätzen bei Colombina absieht. Schülern wird dies bald einmal auffallen. Diese Rollenverteilung mag ein Handicap sein, das aber, genau wie die oben beschriebene hierarchische Struktur, im Spiel bewußtgemacht, ausagiert und so kompensiert werden kann.

Spielen mit andern zusammen

Stärker als in vielen anderen Theaterformen werden bei der Commedia dell'arte die Fähigkeiten zu Interaktion und Zusammenspiel gefragt und gefördert werden. Da die Spielszenen der Commedia dell'arte — mit Ausnahme der monologischen Tiraden — stets ein ausgeprägt rhythmisches, rasches und präzises Zusammenspiel erfordern, ist es unabdingbar, daß die Schüler lernen, auf den andern zu hören, auf ihn einzugehen, ihn zu unterstützen, ihm die Möglichkeit zur Rollenentfaltung zu geben.

Spielen mit Masken – Spielen mit dem Körper [1]

Die Maske steigert die Typisierung und erleichtert die Rollenübernahme. Gleichzeitig setzt die Maske aber auch eine bestimmte Körpertechnik voraus, eine Körpersprache, die den Menschen als ganzes fordert. Der gesamte Ausdruck muß in den Körper verlagert werden, sobald man eine Maske trägt; alle Regungen und Reaktionen müssen körperlich werden, müssen sinnlichen Ausdruck erfahren, müssen – in der eigentlichen Bedeutung des Wortes – «in die Glieder fahren» und dem Spieler «in Fleisch und Blut» übergehen.

Das ist nicht einfach; die heutige Gesellschaft mit ihren sozialen und technischen Gegebenheiten und ihrem Bedürfnis nach sachlich effizienter Kommunikation braucht keine Körpersprache, im Gegenteil. Sie hält expressiven Körperausdruck für unangemessen und für ein Zeichen von Unkontrolliertheit. Beherrschtheit, d. h. das Verbergen oder Unterdrücken von spontanen (bzw. körperlichen) Regungen, gilt als Tugend; sie wird dem Kleinkind nahegelegt: Regungen, die im sozialen Kontext als nicht «gut» gelten, werden ihm abgewöhnt. Die Körperhaltung muß «schicklich» sein, sie wird aber dadurch nicht auch gleich Ausdruck der Befindlichkeit. Das hat zur Folge, daß Menschen heute immer weniger in der Lage sind, mit ihrem Körper zu sprechen und ihren Gefühlen und Empfindungen Ausdruck zu verleihen. Die heutigen Kommunikationsformen sind «undramatisch»: rationaler, möglicherweise auch eindeutiger in ihrer Dechiffrierbarkeit und daher «verläßlich», aber gleichzeitig auch geschrumpft, phantasieloser und armseliger. Die instinktiven und spontanen Ausdrucksformen und -möglichkeiten, die Erbmasse unserer ganzen Kultur, sind geopfert worden und damit auch ein wesentlicher Teil unserer Sensibilität und Phantasie.

Der Umgang mit der Commedia dell'arte, vor allem aber das Arbeiten mit Masken, heißt daher auch: auf die Suche gehen nach diesem verlorenen Erbe, die Körpersprache neu zu entdecken. Das hat, in letzter Konsequenz, auch mit Selbstfindung und mit Persönlichkeitsentwicklung zu tun: Nicht nur sprechen, sondern sich ausdrücken, nicht nur hören, sondern auch sehen lernen.

Der Weg dazu muß genau bedacht werden. Es gibt in der Theaterpädagogik der letzten Jahre Tendenzen, die auf eine totale Körperlichkeit und – so scheint es – damit auch auf eine totale Befreiung des Individuums aus sind, die aber in ihrer Zielsetzung und in ihrer Arbeitsweise das, was Körpersprache meint, eher verstellen als erhellen, weil sie nicht auf Ausdruck, sondern auf unartikulierte Bewegung aus sind. Körpersprache meint aber Mitteilung; die einzelne Geste ist das Resultat eines Gedankens, ist sichtbarer Gedanke und hat den Gesetzen zu gehorchen, die denen der verbalen Sprache vergleichbar sind. Mit Gesten werden Aussagen gemacht, und damit eine Aussage logisch ist, muß sie ein Subjekt, eine Aktion und ein Objekt haben. Das gilt auch für die Geste (vgl. Jousse, Etude de psychologie linguistique).

---

(1) Die hier wiedergegebenen Überlegungen zur Körpersprache, die in den folgenden Teilen wieder aufgenommen und weiterentwickelt werden, lehnen sich zur Hauptsache an Ken Dychtwalds «Bodymind» an (vgl. Literaturverzeichnis).

Improvisieren

Die Technik der «vorbereiteten» oder «gebundenen» Improvisation, die sich im Verlaufe der Geschichte der Commedia dell'arte als Wesensmerkmal herausgebildet hat, unterscheidet sich von dem, was in der Theaterpädagogik üblicherweise unter Improvisation (sog. «freie» Improvisation) verstanden wird, dadurch, daß sie nicht in erster Linie eine Möglichkeit zu spontanem und unvorbereitetem (und damit von möglichen Zwängen befreiendes oder mögliche Zwänge sichtbar machendes) Handeln darstellt, sondern eine Arbeitstechnik ist. Innerhalb des vorgegebenen Personals und im Rahmen eines abgesprochenen und gemeinsam festgelegten Handlungsmusters (Canovaccio, Szenario, Outline), jedoch ohne einen a-priori festgelegten Text, dient die Improvisation der sukzessiven, den Gesetzen des szenischen Spiels gehorchenden Texterarbeitung.

Die «gebundene» Improvisation im Sinne der Commedia dell'arte, d. h. die «allmähliche Verfertigung der Gedanken beim Reden», die sukzessive Erarbeitung und Vervollständigung des Dialogs und des Spielverlaufs, der sich aus der immer wieder und immer neu gespielten und damit überprüfbaren Situation und aus den Verhaltensmustern der vorgegebenen Figuren ergibt, stellt einerseits eine sinnvolle Alternative dar zum «literarischen» Schulspiel, wie es in verschiedenen Schulstufen (und vorab auf der gymnasialen Oberstufe) gepflegt wird und das von einem festen Text ausgeht und diesen szenisch umsetzen und realisieren will. Commedia dell'arte heißt: weg vom Text, Konzentration aufs Spiel.

Diese Improvisation ist aber andererseits auch eine Alternative zum textungebundenen bzw. textunabhängigen Schulspiel (oft mehr oder weniger farblose «Eigenproduktionen»), weil sie von vorgegebenen und sukzessiv weiterentwickelten Situationen (historischen, aber auch modernen) ausgeht und damit

vom Schüler den Nachvollzug und die Verbalisierung einer ihm zunächst fremden Rollenproblematik verlangt.

Gruppenprozeß

Improvisation kann aber nur erfolgreich sein, wenn der einzelne Spieler die Möglichkeit hat, mit Phantasie und Spontaneität das Maximum aus seiner Rolle herauszuholen. Und wenn wer – was sich als wesentlich schwieriger erweist – seinen Mitspielern die Möglichkeit bietet, ein Gleiches zu tun und sich in gleicher Weise zu entfalten. Improvisation kann sich also nur aus einem absolut demokratisch verstandenen Zusammenspiel ergeben, und der Spielleiter hat lediglich die Funktion eines Ideenlieferanten und Koordinators. Das Wesentliche passiert in der Gruppe: Daher ist Commedia dell'arte auch eine demokratische Lern- und Spielform.

Verwandlung der Realität

Die Spiele der Commedia dell'arte zeigen eine szenische Realität, die kaum oder nur in Ansätzen ein Abbild der Wirklichkeit ist. Stärker als die meisten anderen Theaterformen geht die Commedia dell'arte zwar von einer vom Spieler wie vom Zuschauer erfahrenen, erfahrbaren und beiden gleichermaßen bekannten Welt aus, die aber nicht als solche realistisch dargestellt und «abgebildet», sondern mit den für die Commedia dell'arte typischen Gesetzmäßigkeiten wie z. B. der Ironisierung, der artistischen Überhöhung, der Choreographie, der Bühnen«grammatik» und der Handlungssymmetrie verändert und verfremdet wird. Commedia dell'arte zeigt im eigentlichen Sinn des Wortes: stilisierte Welt.

Solche Stilisierung verlangt Voraussetzungen und stellt den Schüler

vor ganz bestimmte Anforderungen: er muß lernen, von der Realität zu abstrahieren und die Realität (die als erfahrene Basis unabdingbar ist) in eine Bühnenrealität zu verwandeln: aus dem Theater eine eigene Welt mit eigenen Gesetzen zu machen. Nun haben gerade Schüler der erwähnten Altersstufe einen ausgesprochenen Realitätssinn, der eigentlich in Widerspruch steht zu den hier angedeuteten Gesetzmäßigkeiten der Commedia dell'arte. Das erschwert ihnen den Gestaltungsprozeß. Doch dieser ist unerläßlich, auch weil er ein künstlerischer Prozeß ist und damit ein unverzichtbares Wesenselement des Theaters.

Dieser hier behauptete «Realitätssinn» steht nicht in Widerspruch zu dem, was weiter oben (vgl. p. 40 f.) zur Rollenidentifikation gesagt worden ist. «Realitätssinn» meint nicht den Hang zur Wirklichkeits*wiedergabe*, sondern die Tendenz zu einer an der Wirklichkeit orientierten Dramaturgie (inkl. Bühnenbild, Kostüme, Requisiten usw.).

Schon aus diesen einleitenden Überlegungen, vor allem aber aus den nachfolgenden Kapiteln sollte deutlich werden: es braucht sehr viel Zeit, mit Schülern Commedia dell'arte zu spielen. Commedia dell'arte kann nicht in wenigen Stunden «behandelt» werden, sonst bleibt sie ein fremder «Stoff» oder wird, wie schon erwähnt, zur plumpen Clownerie. Wer Commedia dell'arte im Kurssystem des wöchentlichen Schulspiels oder im Literaturunterricht realisieren will, wird dafür eine lange Unterrichtssequenz einplanen müssen. Am ergiebigsten aber erweist sich die Arbeit, wenn sie in Form eines Werkstattseminars durchgeführt werden kann.

" Bei den Commedia-Spielen lernt der Schüler (der Student, der Schauspielschüler, der Laienspieler):

● *sich mit genau vorgegebenen, aber in und durch Situationen veränderbaren und entwickelbaren Rollen zu identifizieren;*

● *auf den Spielpartner einzugehen, weil eine hohe Interaktionsfähigkeit und kompromißlose gegenseitige Rücksichtnahme unabdingbare Voraussetzungen sind;*

● *durch das Tragen von Masken die Ausdrucksmöglichkeiten der Körpersprache systematisch zu entwickeln, zu schulen und zu kontrollieren;*

● *Die Technik der «gebundenen» Improvisation als eine theatergerechte Form der Texterarbeitung bzw. Textaneignung;*

● *die szenische Realität als eine stilisierte und nach eigenen Gesetzen gestaltete zu erleben;*

● *sich einem Zuschauer mitzuteilen und dessen Reaktionen als Impulse für die Weiterführung des Spiels aufzunehmen. "*

TEIL III Die Körpersprache und das Maskenspiel

Körper und Maske bedingen einander – Eine didaktische Einführung

Maske und Rolle

Die Maske ist fast so alt wie die Menschheit. Das Bedürfnis, sich zu verwandeln und eine andere Identität zu übernehmen, hat magische Ursprünge und rituelle Züge.

Maske und Individuum sind unvereinbar. Wer eine Maske trägt, wird für die Dauer des Spiels (bzw. Rituals) ein anderer, übernimmt eine Rolle. Das Aufsetzen/Tragen einer beliebigen Maske – auch der in der Commedia dell'arte üblichen Halbmaske – schaltet die Physiognomie des Trägers aus und damit gerade jenes Element, das den einzelnen Menschen in erster Linie zum Individuum macht, weil er mit seiner Physiognomie über die persönlichsten und nuancenreichsten Ausdrucksmöglichkeiten verfügt und weil seine Physiognomie am meisten über ihn aussagt. Die Maske zwingt den Spieler erbarmungslos, zum Träger einer Rolle zu werden, in eine ihm fremde Existenzform zu schlüpfen, in der er keine physiognomischen Ausdrucksmöglichkeiten und Signale mehr hat, und in der der Körper (der sich der Maske anpassen muß) alle Formen der Ausdrucksprache, d. h. der nichtverbalen, zu übernehmen hat. Die gesamte Palette der Reaktions- und Ausdrucksformen ist in den Körper verlegt: wer sich schämt, errötet, wer erschrickt, erbleicht; die Maske kann beides nicht, der Körper muß also das Erröten und das Erbleichen ausdrücken können.

Das Tragen/Aufsetzen einer Maske impliziert zwei Grundgegebenheiten des Theaters: die Übernahme einer Rolle (und damit die Hintanstellung der eigenen Identität, was letztlich wieder zur Entdeckung der Identität führt, weil man in der Rolle stets auch sich selbst entdeckt) – und die Verlagerung des Ausdrucks in den Körper. Beide Aspekte sind in beinahe jeder Form von Theater als Grundelemente enthalten. Das Tragen/Aufsetzen von Masken erleichtert die Erfahrung und Aneignung dieser Grundelemente. Die Erfahrung ist elementar.

Es gilt also eine Ausdrucksform zu entwickeln, in der der Körper eine wesentliche Mitteilungsform übernimmt. Es gilt – zunächst ganz unabhängig vom Charakter der jeweiligen Maske – Ausdrucksformen, Haltungen und Gebärden zu finden, die der jeweiligen Situation, der jeweiligen Befindlichkeit Ausdruck verleihen und die – auch dies ist unabdingbar – für einen Zuschauer als Signale verständlich sind. Es gilt eine Ausdrucksform des Körpers zu entwickeln, mit der man sich in einer jedermann verständlichen Weise mitteilen kann.

Körpersprache

Das ist zunächst ein semiotisches Problem; anstelle eines traditionellen Zeichens ist – anfänglich unbesehen von den Charakterzügen der jeweiligen Maske – ein adäquates körperliches Zeichen zu finden. Jede Geste wird «bedeutend», zum Symbol und damit zum Träger einer inhaltlichen Bedeutung. Jede Haltung, jede Geste ist Ausdruck eines Gedankens, einer Befindlichkeit: der Gedanke wird Handlung, Körperausdruck. Damit ist ein fast banaler Grundzug des Theaterspiels ausgesprochen, aber im Spiel mit der Maske wird er besonders augenfällig. Und dem Schüler, dem naturgemäß die Grundanforderungen des Theaters wenig vertraut sind, erleichtert die Maske gerade diesen entscheidenden Zugang zum Theater. Spielen mit Masken ist zunächst einmal eine Einübung in eine kompromißlose und genau kontrollierte Körpersprache, in die Entdeckung, die Beobachtung, Beherrschung und Schulung des körperlichen Verhaltens. Damit wird dieses Element, neben dem theaterdidaktischen Aspekt, auch zu einem allgemeinen Anliegen der Pädagogik.

Die Zeichen der Körpersprache müssen, wollen sie für einen Zuschauer verständlich sein, zu einem Zeichensystem geordnet werden, in dem jedes einzelne Zeichen seinen spezifischen Platz hat. Mit andern Worten: es geht nicht nur darum, eine Reihe von verständlichen Körperzeichen zu entwickeln, es geht auch darum, diese Zeichen einer Art «Grammatik» zuzuordnen, d.h. ein kohärentes System von Zeichen zu finden. Nur so kann Körpersprache mitteilbar sein. Damit ist ein erster grundsätzlicher formaler und ästhetischer Anspruch der Commedia dell'arte formuliert: Gedanke, Gefühl und Empfinden müssen zur verständlichen Geste werden. Wer mit Masken spielt, muß wissen, wie er Freude, Stolz, Schmerz, Scham und Enttäuschung usw. körperlich ausdrücken kann, und zwar so, daß ihn jedermann jederzeit versteht.

In der Körpersprache muß grundsätzlich zwischen den beiden Dimensionen *Haltung* und *Geste* unterschieden werden. Während die Körperhaltung Ausdruck der Gemütsverfassung ist, in der sich die «Biographie» einer Figur, (d. h. ihre Erfahrungen, Erinnerungen und Erlebnisse) spiegelt, ist die Geste sichtbarer Ausdruck einer momentanen Handlungsabsicht, eines Wollens. Die Haltung ist gleichsam universal und über die Sprach- und Kulturgrenzen hinaus die gleiche, die Gesten jedoch sind an das Ausdruckspotential einer jeweiligen Kultur gebunden: ein deutsch sprechender Arlecchino wird ein anderes Gebärdenspiel entwickeln müssen als ein italienisch sprechender.

Schwierigkeiten...

Erfahrungsgemäß zeigt sich bei Schülern, daß sie, wenn sie sich einmal gelockert und einen Gruppenkonsens gefunden haben und zu einer expressiven Körpersprache bereit sind, relativ schnell eine deutliche und gut verständliche Geste finden, um das jeweilige Empfinden auszudrücken. Meist sind sie klar und eindeutig, und die Schüler entwickeln bei entsprechenden Übungen schnell viel Phantasie und Flexibilität. Und doch stellen sich bald gewisse Schwierigkeiten ein, die behoben werden müssen:

◆◆◆ Schwierigkeit 1: Parodie und Übertreibung

Schüler neigen in solchen Übungen schnell zur Parodie, zum Klischee und zur clownesken Übertreibung. In einer ersten Übungsphase soll man sie durchaus gewähren lassen, damit Einstiegshemmungen überwunden werden können. Um aber Wesen und Eigenart der Commedia dell'arte zu erfassen, muß man diese parodistischen Übertreibungen reduzieren und zurücknehmen. Es ist daher wichtig, daß diese Übungen, wenn einmal der Einstieg gefunden ist, die Ausdrucksformen verfeinern und kontrolliert machen; denn Commedia dell'arte ist ja nicht Parodie (wie gelegentlich angenommen wird), sondern Reduktion auf Wesentliches. ◆

◆◆◆ Schwierigkeit 2: Erarbeiten eines Zeichensystems

Es ist nicht schwer, ein einzelnes und auch verständliches Zeichen zu finden; als sehr schwer erweist sich der Schritt zum Zeichensystem, d. h. die innere Differenzierung, das kontrollierte Nebeneinander von in sich eindeutigen Zeichen. Mit andern Worten: die Schwierigkeiten beginnen, wenn es darum geht, die Zeichen zu einem kohärenten System zu ordnen, d. h. die «Grammatik» der Körpersprache zu entwickeln. ◆

◆◆◆ Schwierigkeit 3: Die Wiederholbarkeit der Zeichen

Schüler sind kaum in der Lage, ein einmal gefundenes (und, wie gesagt, meist einleuchtendes) Zeichen so zu wiederholen, daß es in jeder Situation gleich «bedeutend» herauskommt. Gerade dies ist aber unabdingbar, wenn das Spiel mit Masken überzeugend sein soll. Die oben erwähnte «Grammatik» muß also geübt werden: in einem immer wieder wiederholten Training muß der Schüler dazu kommen, die Ausdrucksformen gleichsam zu automatisieren und zu internalisieren. Sie müssen, jede einzelne, zum Programm seiner festen und vertrauten Gesten werden; mit andern Worten: zur Körper*sprache* muß das Körper*gedächtnis* kommen. ◆

Ein wichtiger theaterpädagogischer Grundsatz gilt auch hier: in einem solchen Training muß der Schüler stets die Möglichkeit haben, Eigenes einzubringen, aus sich heraus zu differenzieren und zu verändern. Er darf nicht «abgerichtet werden». Nicht um das Einüben «fremder» Gesten geht es, sondern um das Entdecken der eigenen Möglichkeiten.

Figurensprache

Das Spielen mit Masken hat aber noch einen zweiten grundlegenden Aspekt: Jeder Maske – das gilt vor allem für die ausdrucksstarken Halbmasken der Commedia dell'arte – ist ein stark typisierter Charakter zugeordnet, der die oben erwähnte «allgemeine» Körpersprache (allgemein, weil für alle Masken in gleichem Maße gültig und verbindlich) in eine differenzierende Richtung weist. Der Charakter einer Maske ist gegeben, der Körper, die Körperhaltung und die Körpersprache haben sich anzupassen. Der Maske ist der Ausdruck gegeben, der Körper muß ihr gehorchen, sie diktiert die Charakteristik von Bewegungen und Gesten. Wer also beispielsweise die Maske des Arlecchino trägt, wird Schmerz, Trauer, Freude oder Überraschung anders auszudrücken haben als der Träger der Pantalone-Maske. Und wer die Maske des Brighella trägt, wird eine andere Motorik entwickeln müssen, als wenn er die Maske des Capitano trägt. Die Motorik muß typenspezifisch sein. Das geht nicht ohne eine spielerische *und* reflektierende Auseinandersetzung mit der «Biographie» einer Maske, mit der Rolle, dem Charakter, den sie repräsentiert.

Die «charakterisierenden», typenspezifischen Unterschiede zeigen sich in der Körperhaltung, in der Gangart, in der allgemeinen Motorik und in der Art, wie Umwelt (d. h. andere Figuren, Gegenstände, Situationen) zur Kenntnis genommen und wie auf sie reagiert wird.

Wir nennen diese zweite, zwischen den einzelnen Figuren differenzierende Körpersprache die Grammatik der Figurensprache. Die ideale Bewegung einer Commedia dell'arte-Figur ergibt sich demnach aus dem Zusammenwirken der zwei grundlegenden Aspekte: Körpersprache und Figurensprache:

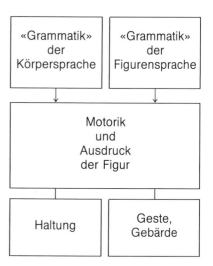

Jede Maske ist leblos. Diese Feststellung hat didaktische Konsequenzen. Vitalität kann eine Maske nur durch die Art (d. h. Differenziertheit, Genauigkeit, Lebendigkeit und Kontrolliertheit) der Körper- bzw. Figurensprache erhalten. Überzeugend ist das Spiel mit der Commedia dell'arte erst dann, wenn die Maske für den Zuschauer zu leben beginnt, d. h. wenn Maske und Körper in absolutem Einklang sind, wenn die Bewegungen des

Spielers so ausdrucksstark und so typengerecht sind, daß der Zuschauer glaubt, in den Zügen der Maske Lebendigkeit zu entdecken. Und: überzeugend ist das Spiel mit Masken erst dann, wenn der Spieler/Maskenträger mit der Maske eine Einheit geworden, wenn ihm die Maske zur zweiten Haut geworden ist.

Mit der Maske eine Einheit werden: gerade darin aber liegt eine Schwierigkeit psychologischer Natur. Obwohl man immer wieder beobachten kann, daß das Tragen von Masken den Schülern wohl auch deswegen Spaß macht und Gewinn bringt, weil es hemmungsabbauend ist und weil sie sich freier, ungezwungener und gelöster bewegen, mehr aus sich herausgehen, mehr wagen (weil sie, deutlich und für jedermann sichtbar, eine Rolle spielen und weil das, was den Menschen am meisten verraten kann, das Gesicht, verborgen ist) — so kann man doch feststellen, daß eben dieses Tragen von Masken eine psychologische Barriere anderer Art aufbaut: man geht sich gleichsam selbst verloren und weiß plötzlich nicht mehr, wie man aussieht. Das eigene Gesicht kennt man aus dem Spiegel, das eigene Verhalten ist (bei den meisten!) reflexartig richtig, die Motorik stimmt. Mit der Maske aber will eine neue Motorik erprobt sein, eine Motorik, die zum neuen Gesicht der Maske passen und die geübt sein soll, so daß sie gleichsam reflexartig wirkt. Das irritiert und macht gelegentlich ratlos. Wir haben oft beobachtet, daß Schüler bei Maskenübungen (gerade die sensibleren und differenzierenden Schüler!) plötzlich ihre Masken ausgezogen und mutlos bemerkt haben: «Ich kann das nicht. Ich kann mich mir nicht vorstellen.» Wie man solche Schwierigkeiten abbauen kann, wie man den Lernenden dazu bringt, eine wirklich figurentypische Motorik zu entwickeln und gleichzeitig zu sehen, d. h. sich zu kontrollieren, soll in den folgenden Übungen gezeigt werden. Grundsätzlich aber gilt: die Schwierigkeiten werden weniger groß sein, wenn man dem Schüler die Motorik einer Maske nicht aufdiktiert, sondern das tut, was einzig richtig ist: sie ihn selber finden läßt, in einem Arbeitsprozeß, der in gleichem Maße über das Körperliche und über das Kognitive geht.

Übungsbeispiele zur Körpersprache

Übungen zur Körpersprache und zum Körperausdruck sollen dazu dienen, den in unserem Bewußtsein eingefleischten Dualismus zwischen Körper und Denken auszugleichen. Nicht im Sinne eines reinen Körpertheaters, das einem sogenannt «kopflastigen» Alltag entgegengesetzt wird und den Dualismus bloß verschärft, sondern im Sinne einer Übereinstimmung zwischen Gefühl und Haltung, zwischen Gedanke und Gebärde.
Empfindungen, die man unterdrückt, die im Körper keinen adäquaten Ausdruck finden, die nicht heraus können, stauen sich irgendwo auf, versteifen einzelne Körperpartien, lassen den Körper zum Panzer werden. Diesen Panzer bewußt zu machen, aufzubrechen und die einzelnen Körperpartien zu lockern, ist Inhalt und Ziel der folgenden Übungen.
Es muß also zunächst darum gehen, das eigene Ich wiederzuentdecken und zu merken, daß es nicht bloß aus Gedanken und nicht bloß aus Körper besteht, sondern daß das eine vom andern abhängt, daß das Ich ein denkendes Ganzes ist. Die so gewonnenen Erkenntnisse, d. h. die Einsicht in die «psychosomatischen» Zusammenhänge werden dann auch — da diese Übungen ja nicht Selbstzweck bleiben sollen — den Zugang zu den Figuren der Commedia dell'arte erleichtern.

99 ● *Die Maske schaltet die Physiognomie aus und zwingt den Träger in eine Rolle, in der er mit den Mitteln der Körpersprache arbeiten muß.*

● *Körpersprache ist eine Kommunikationsform: jede Bewegung hat ihre Bedeutung, ist ein Zeichen, das etwas aussagt. Der Gedanke wird Handlung, das Wort wird Geste.*

● *Die Körpersprache muß der jeweiligen Maske angepaßt, d. h. ausgebaut und zur Figurensprache weiterentwickelt werden. Sie enthält sowohl Aussagen über den sozialen Status und die «Biographie» einer Figur (Haltung) als auch über ihre jeweiligen Befindlichkeiten und Handlungsabsichten (Geste).*

● *Die einzelnen Zeichen der Körpersprache dürfen nicht zufällig sein, sie müssen internalisiert und zu Signalen für die einzelnen Figuren werden. Zur Körpersprache muß das Körpergedächtnis kommen.*

● *Die Körpersprache der Commedia dell'arte muß ironisch sein, sie darf weder zum Klischee noch zur clownesken Übertreibung führen.*

● *Das Tragen einer Maske wirkt einerseits hemmungsabbauend und befreiend, es erschwert aber andererseits die für die Entwicklung einer konsequenten Körpersprache unabdingbare Selbstkontrolle.* *99*

1. Die Gruppe studiert gemeinsam den Bau des menschlichen Körpers, untersucht die Funktion der einzelnen Teile sowie das Zusammenwirken der verschiedenen Partien.

Die Gruppe versucht sich dabei Rechenschaft zu geben, daß der individuelle Körperbau nicht bloß anatomischen Regeln entspricht und auch nicht bloß das Resultat von Vererbung, Milieu und Lebensweise ist, sondern auch der sichtbare Ausdruck eines psychischen Befindens, das jeden Tag ein anderes sein kann.

2. Die Spieler spannen nacheinander einzelne Körperteile (z. B. Arme, Hals, Brust, Beine usw.), versteifen sie und lockern sie wieder.

Ein Mitspieler kann durch Abtasten der jeweiligen Körperteile den Prozeß der Spannung/Entspannung kontrollieren.

Dabei werden die Spieler feststellen können, daß unterdrückte Gefühle sich in ganz bestimmten Partien des Körpers festsetzen, daß z. B. der Zorn in den oberen Teilen des Rückens «sitzt». Die Versteifungen (z. B. zusammengezogene Schultern, zur Abwehr gekreuzte Arme, zusammengepreßte Kiefer usw.) müssen dem einzelnen Spieler bewußt und gleichzeitig nach außen hin sichtbar werden.

3. Aufstehen aus einem Körperteil

Die ganze Gruppe liegt ungezwungen am Boden; die einzelnen Spieler stellen sich vor, eine bestimmte Stelle ihres Körpers (z. B. Ellbogen, Halswirbel, Scheitel, Becken usw.) sei an einem Draht befestigt und werde daran langsam und stetig nach oben gezogen. Die ganze Bewegung des Körpers geht von diesem einen Punkt aus, der Rest des Körpers folgt, pendelgleich, diesem einen Punkt.

Die nächsten Übungen sind gezielt auf einzelne Körperpartien ausgerichtet und zur Bewußtmachung und zur Lockerung gedacht. Sie sollen helfen, mögliche individuell bedingte und die Konstitution determinierende Verkrampfungen zu lokalisieren und zu lösen. Damit ist fast automatisch eine Analyse verbunden, die später bei der Übernahme von fremden Körperhaltungen (Rollen) unabdingbar ist.

4. Bauch:

Der Bauch ist, symbolisch gesprochen, der «Sitz» der Gefühle, der Kraft, er ist der «Ort» der Beziehungen zu andern Menschen und somit auch der sozialen Aspekte des Ichs. Von diesem Zentrum aus werden die übrigen Teile des Körpers und damit auch die Haltungen und Gesten gesteuert: über das Zwerchfell und die Brust die oberen Partien (Schultern, Hals, Arme, Kopf), über das Becken die unteren Partien (Beine, Füße).
Die Spieler legen sich auf den Bauch. Der Körper liegt möglichst ganz auf dem Boden auf. Mit den Füßen und Händen stützen sie sich langsam auf, verharren in dieser Position. Sie konzentrieren sich auf ihren Körper und sollen spüren wie

ihr Bauch geschützt ist, vom Boden, von den Lenden und vom Rücken. Sie gehen zurück in die aufrechte Haltung und merken, wie ihr Bauch bloßgestellt und «verletzlich» ist.

5. Becken:

Die Spieler stehen mit gespreizten Beinen, die Hände seitlich aufgestützt, und führen mit dem Becken (dem «Sitz» der vitalen Energie und der Sexualkraft) kreisende Bewegungen aus, in beiden Richtungen.

Mit dieser Übung wird der Körper insgesamt gelockert und gleichzeitig das körperliche Gleichgewicht verbessert.

6. Zwerchfell:

Das Zwerchfell ist für die Steuerung der körperlichen Bewegungen von zentraler Bedeutung, es ist «Eingang», bzw. «Durchgang» für alle unsere Empfindungen und Gefühle. Verschließt sich das Zwerchfell, so werden – mit der Atmung – auch die Gefühle blockiert und können nicht mehr in die Körperteile gelangen, wo sie normalerweise sichtbarer Ausdruck werden.

Ein Spieler legt sich flach auf den Rücken, mit geschlossenen Augen, ein zweiter legt sich ebenfalls auf dem Rücken rechtwinklig dazu und zwar so, daß sein Kopf auf dem Zwerchfell des ersten liegt; der dritte legt sich entsprechend zum zweiten usw. bis die ganze Gruppe in einer Kette am Boden liegt.
Die Spieler sind völlig entspannt und suchen zuerst einen gemeinsamen Atemrhythmus zu finden, beginnen dann, erst leise, dann lauter und anschließend wieder leiser werdend, das Ausatmen mit einem Ton zu verbinden, der nicht gekünstelt oder gesucht sein darf, sondern ganz einfach in möglichst entspannter Art die Stimmbänder mitschwingen lassen soll.

Diese Übung kann zum Gradmesser für den Gruppenkonsens werden; wenn eine Gruppe gut harmoniert, wird nicht nur ein absolut einheitlicher Rhythmus möglich, sondern es wird sich auch ein stimmi-

ger Klang ergeben, der im Idealfall an die Klänge einer Orgel erinnert. Das ist dann auch Ausdruck eines gemeinsamen Gefühls, das sich in Atemrhythmus und Klang entlädt. Kleinere Pannen sind bei dieser Übung möglich; es ist denkbar, daß ein Schüler bei dieser Übung sich selbst und seine Umgebung vollständig vergißt und in einen schlafähnlichen Zustand verfällt. Häufiger ist jedoch, daß ein Schüler, vielleicht weil der Körperkontakt unge-

wöhnlich ist, plötzlich zu lachen beginnt, wodurch der Rhythmus der ganzen Gruppe gestört wird.

7. Brustkasten:
Der Brustkasten nimmt die Emotionen, die vom Bauch ausgehen und durch das Zwerchfell kommen, auf und verwandelt sie, gibt sie an andere Körperteile weiter.

Die Spieler stehen aufrecht, die Arme gestreckt am Körper, die Beine

geschlossen und beginnen an Ort zu gehen. Wenn sich das rechte Bein hebt (nur anwinkeln, die Fußspitze bleibt am Boden), geht gleichzeitig die linke Schulter nach oben und umgekehrt. Der Kopf bleibt ruhig, die Wirbelsäule gerade, der Brustkasten soll sich nach Möglichkeit nicht bewegen. Nach einer gewissen Zeit spürt man, wie eine Kolbenbewegung, die eigenen Lungen, was möglicherweise mit Hustenreiz verbunden ist.

Atmung und Gruppenrhythmus (Übung 5).

49

In dieser Übung, die dem Gleichgewicht, der aufrechten Haltung und dem Bewußtwerden der Atemkapazität dient, gewinnt der Spieler auch Sicherheit und Selbstbewußtsein.

8. Schultern:

Wie immer sie auch beschaffen sein mögen, bucklig oder nach hinten gedrückt, breit oder schmal, die Schultern «erzählen» am deutlichsten und am sichtbarsten unsere Geschichte bzw. die Geschichte einer Figur: an ihnen kommen die Mühen, die Wechselfälle des Lebens zum Ausdruck, kurz: alles, was uns «belastet». Jedem Charakter entspricht eine eigene Haltung der Schultern.

Ein Spieler setzt sich auf einen Stuhl mit Rückenlehne. Er streckt die Arme nach vorn und stellt sich vor, jemand ziehe ihn an den Händen; aus den Schultern heraus versucht er auf diese imaginäre Kraft zu reagieren. Das gleiche Spiel wird wiederholt mit nach oben gerichteten bzw. seitlich ausgestreckten Armen.

Diese Übung kann mit einem Zusatz versehen werden:

Der Spieler trägt vor der Übung einen schweren Sack und geht ein paar Schritte damit; er wiederholt dies nach der oben geschilderten Übung. Er wird dabei feststellen, daß sich seine Schultern gelockert haben.

9. Beine und Füße:

Symbolisch gesehen ist das Verhältnis der Beine zum Körper mit dem Verhältnis der Wurzeln zum Stamm eines Baums zu vergleichen. Sie geben dem Körper Halt und Gleichgewicht. Gleichzeitig sind sie aber auch der sichtbare «Ort» des Handelns.

Die Spieler stehen mit leicht gespreizten Beinen und verlagern das Gewicht hin und her von einem Bein auf das andere; sie stellen sich vor, ihre Beine seien die Wurzeln, die im Boden verankert sind, und der Körper sei ein Baum, der sich im Winde wiegt.

Die Spieler gehen quer durch den Raum, erst auf den Fußspitzen, dann hart auftretend, dann schleppend; sie benützen nur einen Teil ihrer Füße, nur die Absätze oder nur die Innenkante, bzw. die Außenkante der Fußsohlen.
Alle Spieler bewegen sich im Raum und gehen, in normalem Tempo, völlig ungezwungen.
Sie sollen ihre eigene Gangart entdecken und sich bewußt werden, wie sie gehen, welches ihre spezifische Körperhaltung ist, wie sie den Kopf tragen, wie sie die Arme bewegen usw.: sie sollen versuchen, sich zu sehen, zu wissen, wie sie aussehen. Sie verändern zunächst das Tempo: schneller werden bis zum Zeitraffer; langsamer bis zur Zeitlupe. Dabei sollen sie stets versuchen, die eigene Gangart beizubehalten. Dann sollen sich die Spieler unterschiedliche Bodenbeschaffenheiten vorstellen (z. B. heißen Sand, spitzigen Kies, Stoppelfeld, heißen Asphalt, Schnee, taunasses Gras usw.) und die Gangart – stets so natürlich wie möglich und sich genau beobachtend – der jeweiligen Bedingung anpassen.
Die Gangart wird «theatralisch»: die Spieler sollen so gehen, daß ein Körperteil (z. B. Kopf, Hals, Brust, Bauch, Beine) dominiert und bewußt zur Schau getragen wird.
Aus dieser «verfremdeten» Gangart kann – nach und nach – die charakteristische Gangart einer theatralischen Figur bis hin zu den Figuren der Commedia dell'arte entwickelt werden (zunächst ohne daß die Figuren benannt, beschrieben oder charakterisiert werden): tänzelndes Gehen (Brighella, Arlecchino), stolzes Gehen (Capitano), schwerfälliges und pompöses Gehen (Dottore), greisenhaftes Gehen (Pantalone). Das kann auch erreicht werden, indem man versucht, die Gangart verschiedener Tiere einzubeziehen und nachzuahmen: Katze oder Affe (Arlecchino, Brighella), Ente (Dottore), Rabe (Pantalone) und Hahn (Capitano).

10. Arme und Hände:

In den Armen und in den Händen kommt all das zum sichtbaren Ausdruck, was mit Geben und Nehmen zu tun hat. Sie sind die eigentliche Verbindung zwischen Ich und Außenwelt, sie drücken sowohl herrisches Ergreifen als auch Zärtlichkeit aus, sowohl das Beschützenwollen als auch das Angreifen, sowohl das Umarmen als auch die Abwehr.

Ein Spieler soll zu einer Reihe von Gegenständen (z. B. ein Kissen, eine Puppe, ein Stück Seil usw.) geführt werden; er wird aufgefordert, einen oder mehrere dieser Gegenstände zu nehmen und – verbal oder pantomimisch – eine Geschichte zu erzählen.
Ein Spieler geht nacheinander zu allen übrigen Mitgliedern der Gruppe, stellt sich vor jedem auf, gibt sich Rechenschaft über die Gefühle, die sich aus der Gegenüberstellung ergeben und versucht diese Gefühle in Gesten umzusetzen.

Je nachdem, wie ehrlich sich der Spieler Rechenschaft gibt über die Gefühle, die er mit seinem Gegenüber (dem Gegenstand oder der Person) verbindet, fallen auch die Gesten der Arme und Hände aus: sind die Gefühle echt, wirken die Gesten ungezwungen und überzeugend; sind die Gefühle aufgesetzt oder unterdrückt, so werden die Gesten linkisch und plump.

Zu den übrigen Körperteilen (z. B. Hals, Kopf, Rücken) sind kaum gezielte Übungen notwendig; ihre richtige Haltung ergibt sich aus den vorangehenden Übungen gleichsam von selbst. Dennoch aber der Spielleiter gut daran tun, bei all diesen Übungen auch auf die andern Körperteile hinzuweisen und die Aufmerksamkeit der Spieler darauf zu lenken.

Im Sinne einer Zusammenfassung aus diesen Einzelübungen läßt sich das folgende Spiel anschließen: die Gruppe stellt gemeinsam eine Reihe von Redewendungen zusammen, in denen Körperteile vorkommen (z. B. «Das liegt mir auf dem Magen»/«Bleigewichte an den Füßen haben»/«mit hohem Kreuz gehen»/«jemandem die kalte Schulter zeigen»/«jemandem die Stirn bieten»/«keinen Boden unter den Füßen haben» usw.) Die Spieler versuchen, diese Redewendungen pantomimisch umzusetzen und sich dabei an die Funktion und die symbolische Bedeutung der einzelnen Körperteile zu erinnern.

Übungen zur Körpersprache sind nicht problemlos; die Spieler sind oft gehemmt. Ein gutes Gruppenverständnis (gegenseitiges Vertrauen, Rücksicht usw.) ist deshalb von zentraler Bedeutung. Der Spielleiter wird daher gut daran tun, diese Körperübungen mit Vertrauensübungen zu kombinieren.

Beispiele:
– Die Spieler bilden Zweiergruppen. A. steht mit geschlossenen Augen und läßt sich möglichst angstfrei nach hinten fallen, während B. sich in etwa 1,5 m Entfernung hinter A aufstellt und diesen auffängt. Das volle Gruppenvertrauen, unabdingbar für eine fruchtbare Theaterarbeit, ist dann erreicht, wenn jeder Spieler sich unverkrampft nach hinten fallen läßt, wer immer auch sein Partner ist.
– In Zweiergruppen: ein Spieler schließt die Augen und läßt sich von seinem Partner an der Hand durch den Raum führen, im Vertrauen darauf, daß er nirgends anstößt. Es ist von Vorteil, wenn einige Hindernisse im Raum stehen, an denen der «Blinde» vorbeigeführt werden muß. Variante: den «Blinden» führen, indem man ihn bloß mit einem Finger an einem Körperteil (Rücken, Schultern, Kinn, Scheitel) berührt und ihm so die ‹Signale› für die Richtungsänderungen übermittelt.
– Zwei Spieler sind parallel nebeneinander auf Händen und Knien am Boden; ein dritter legt sich, Bauch nach oben, quer auf die Rücken der beiden und läßt sich auf diese Weise durch den Raum transportieren. Der Spielleiter gibt an, in

welchem Tempo und in welche Richtung sich die Gruppe zu bewegen hat.

Übungsbeispiele zum Spielen mit Masken

Die folgenden Übungen verfolgen einen doppelten Zweck: zum einen sollen sie den Spielern helfen, die Körpersprache weiter auszubilden und langsam zur Figurensprache werden zu lassen, zum andern sind sie die spielerische Annäherung an die verschiedenen Figuren der Commedia dell'arte und somit die Basis für die darauffolgenden Improvisationsübungen. Damit diese Annäherung an die Figuren aber nicht äußerlich bleibt (im Sinne einer antrainierten mechanisierten Motorik), empfiehlt es sich, Übungen zur Rollenbiographie damit zu verbinden.
Die hier vorgeschlagenen Übungen und Spielanregungen sind in eine didaktisch einsehbare Reihenfolge gebracht, stellen aber nicht unbedingt schon ein fertiges «Kursprogramm» dar. In ihrer Reihenfolge lassen sie sich nach Bedarf umstellen.
Alle Übungen setzen Körpertraining voraus. Es wird also gut sein, wenn der Spielleiter zu Beginn einer jeden Spielsequenz ein Körpertraining von 15 bis 20 Minuten Dauer durchführt. Nach einem solchen Training werden die Bewegungen kontrollierter und konsequenter.

1. Das Vertrautwerden mit der Maske

Bevor sie eine historische oder theoretische Einführung bekommen, bevor sie wissen, welche Typen die einzelnen Commedia-Masken darstellen, sollen die Spieler mit den Masken vertraut werden:

Jeder Spieler nimmt nacheinander alle Masken zur Hand; er betrachtet jede genau, betastet sie innen und außen, prägt sich die Gesichtszüge ein. Dann schließt er die Augen, sucht sich die Maske vorzustellen, öffnet die Augen wieder und überprüft seine Vorstellung.

Wer eine Maske aufzieht, hat einen verengten Blickwinkel; sein Gefühl für Distanzen verändert sich, instinktiv sucht er zuerst mit den Augen die Richtung, bevor er geht:

Die Gruppe zirkuliert (mit Masken) im Raum und versucht sich an dieses Gefühl zu gewöhnen. Dabei sollen die Spieler darauf achten, daß sie sich gegenseitig nicht anstoßen.
Der Spielleiter ruft einzelne Gefühlsregungen in die Gruppe (Angst, Stolz, Scham usw.), und jeder Spieler versucht Haltungen und Gangarten zu finden, die dazu passen.

Der Spielleiter wird darauf achten, daß seine Stimme nicht zu realistisch klingt, weil sonst die Schüler ihre Maske vergessen und in den Alltag zurückfallen.

Die Spieler erproben ihre Stimme: mit einzelnen Wörtern oder Satzfetzen suchen sie einen Sprechklang, der zur jeweiligen Maske paßt. Die Stimme Arlecchinos etwa klingt gackernd und papageienhaft, die des Capitano dröhnend usw.
Der Spielleiter teilt die Spieler in kleine Gruppen auf und gibt jeder Gruppe eine Maske. Innerhalb der Gruppe sollen mögliche Charaktereigenschaften, denkbare Verhaltensweisen diskutiert und eine mögliche «Biographie» der durch die Maske dargestellten Figur entwickelt werden: Alter, sozialer Status, Herkunft, Charaktereigenschaften, Verhaltensmuster usw. Mit andern Worten: die Spieler suchen Antworten auf die klassischen Fragen der Rollenbiographie: wer bin ich, woher komme ich, wohin gehe ich, was will ich, wie stehe ich zu den andern? Ein Spieler setzt daraufhin die Maske auf und versucht das gemeinsam Diskutierte

Das Vertraut-
werden mit der
Maske: be-
trachten, auf-
setzen, passen-
de Körperhal-
tungen und
Gangarten er-
proben.

gestisch umzusetzen, sich mit der Maske zu bewegen, typische Haltungen einzunehmen, typische Reaktionen zu erproben.

Diese Übung, die ohne Intervention des Spielleiters abläuft, ist als Einstieg gedacht, damit den Schülern bewußt wird, welche möglichen Typen die vorliegenden Masken repräsentieren – und damit ihnen bewußt wird, was es heißt, eine Maske zu tragen: sein Gesicht verbergen, eine Rolle übernehmen, ein anderer sein und dabei eigene (bisher vielleicht unbekannte) Gestaltungsmöglichkeiten entdecken und entwickeln.

2. Der Plastilin-
mensch

Ein Spieler stellt sich vor den andern auf, völlig ungezwungen und normal, d. h. in einer neutralen oder in seiner ganz persönlichen, aber absolut untheatralischen Körperhaltung und setzt eine Maske auf.

Der Kontrast zwischen Maske und jetzt nicht mehr passender Körperhaltung wird sichtbar. Der Spielleiter soll auf diesen Kontrast aufmerksam machen und ihn den Spielern zum Bewußtsein bringen.

Die andern Spieler (ein einzelner oder mehrere) treten zum ersten Spieler und beginnen seine Körperhaltung so zu verändern, daß sie zur Maske paßt.
Die ganze Körperhaltung soll berücksichtigt werden und soll anatomisch richtig, d. h. den anatomischen Gegebenheiten des Spielers angepaßt sein: die Haltung des Kopfes, der Schultern, der Arme und Hände, des Oberkörpers, des Beckens und der Beine usw.). Der Spieler mit der Maske entwickelt dabei keine eigene Initiative, er läßt sich «modellieren», als ob er aus Ton oder Plastilin wäre.

Die Übung dauert so lange, bis sich alle Mitwirkenden auf eine typische, d. h. zum Ausdruck der Maske passende Körperhaltung geeinigt ha-

ben. Vermutlich neigen einige Schüler dazu, der so modellierten Figur einen parodistischen Zug zu geben. Es ist dann die Aufgabe des Spielleiters, auf mögliche Übertreibungen hinzuweisen und die Figur, wenn sie einmal parodistisch «überhöht» ist, wieder auf eine durchaus ironisch gesehene «Wahrheit» zu reduzieren. Da diese Übung u. a. dazu dient, gemeinsam in der Spielgruppe die Charaktereigenschaften der Commedia-Figuren herauszufinden und festzulegen, soll dieses «Zurechtbiegen» des Körpers mit Diskussionen verbunden sein: wer eine Veränderung des Körpers vornimmt oder wer mit einer herbeigeführten Veränderung nicht einverstanden ist, soll dies unter Bezugnahme auf die Charaktermerkmale der Maske und auf deren mögliche «Biographie» begründen.

Wenn sich alle Mitwirkenden auf die typische Grundhaltung einer Figur geeinigt haben, sollen «situationsorientierte» Veränderungen – die aber stets von der Grundhaltung ausgehen und diese variieren – herbeigeführt werden: die Figur soll in eine Situation gebracht werden, in der z. B. eine abwehrende, angsterfüllte, bittende oder erwartungsvolle Haltung dominieren. Auch dies passiert mit Kritik und Veränderungsvorschlägen aller Mitwirkenden.

Es empfiehlt sich, diese Übung mit sämtlichen Masken der Commedia dell'arte durchzuführen und dabei die Spieler häufig auszuwechseln. So lernen die Spieler gemeinsam, Kritik übend und Veränderungen erprobend, die Masken kennen, deren typischen Charaktermerkmale und ihre «Biographie» erarbeiten. Das Auswechseln der Spieler wird aber nur bis zu einem gewissen Punkt überzeugend sein, weil jeder Schüler wieder andere anatomische Voraussetzungen mitbringt: ein kräftiger Schüler wird mit einer Pantalone-Maske eine andere Haltung einnehmen müssen als ein schmächtiger. Die beiden Grundgegebenheiten, Maske und Körper,

müssen im Einklang sein. Der Spielleiter soll nur dann intervenieren, wenn sich die Spieler bei dieser Übung auf eine völlig falsche Fährte begeben, d. h. aus den Commedia-Masken Figuren entwickeln, die mit der Commedia dell'arte nichts mehr zu tun haben. Dann soll er, unter Hinweis auf die theatergesichtlichen Dimensionen, das Archetypische der Masken bewußt machen.

3. Die Körperhaltung der Figuren

Nach den ersten beiden Übungen, die ja auch dazu dienen, die Charakterzüge zu erforschen, die in den einzelnen Masken zum Ausdruck kommen, stellt der Spielleiter die wichtigsten Ergebnisse zusammen. Dabei wird sich in der Diskussion mit der Gruppe als erste Bilanz die folgende Palette möglicher Eigenarten der einzelnen Figuren ergeben:
Pantalone:
Senilität, Geiz, Begierde, Autorität, Mitleid, Väterlichkeit.
Dottore:
Pedanterie, Gesprächigkeit, Leichtfertigkeit, Verwirrung, Dünkelhaftigkeit.
Capitano:
Arroganz, Prahlerei
Brighella:
Vulgarität, Ignoranz, Verschlagenheit, Opportunimus
Arlecchino:
Vulgarität, Phantasie, Unverschämtheit, Dummheit, Neugier.
Wo sich Widersprüche ergeben, soll der Spielleiter nicht intervenieren. Widersprüche behalten die Figur offen und verhindern, daß sie in ein zu enges Muster gedrängt wird. Die Summe aller «Defekte» wie auch aller Tugenden, d. h. die ganze Psychologie einer Figur muß in der Körperhaltung zum Ausdruck kommen. Unter Bezugnahme auf die Erfahrungen aus den Übungen zur Körpersprache untersucht die

Gruppe diese Eigenarten und fragt sich, wie sie körperlich zum Ausdruck kommen.

Ein Spieler stellt sich auf ein kleines Podest, eine Maske ist nicht unbedingt erforderlich. Der Spielleiter ruft nacheinander die Namen der einzelnen Typen der Commedia dell'arte und der Spieler muß versuchen, möglichst schnell die entsprechende Körperhaltung einzunehmen. Die übrigen Spieler analysieren und diskutieren die jeweiligen Haltungen.

Diese Übung ist wichtig für den späteren Umgang mit den Figuren der Commedia dell'arte; die Spieler lernen dabei, ihre Körperhaltung nicht mehr bloß mit einem Gefühl in Verbindung zu bringen, sondern auch mit einer Maske, die ja Symbol der Rolle ist. Dies jedoch fällt den Spielern nicht leicht; die ersten Versuche fallen daher meist etwas hilflos aus. Erst mit der Zeit wird es den einzelnen Spielern gelingen, mit der Nennung der jeweiligen Figur auch die ganze Palette der damit verbundenen Eigenarten zu assoziieren und die entsprechenden Haltungen einzunehmen.

4. Die Gangart der Figuren

Die fünf Masken der Commedia dell'arte werden am linken und am rechten Rand der Spielfläche bereitgelegt. Ein Spieler beginnt am rechten Rand der Spielfläche, setzt sich eine der Masken auf und geht quer über die Spielfläche, indem er versucht, die Gangart und die Körperhaltung der Maske anzupassen. Am linken Bühnenrand angekommen, zieht er die Maske aus, nimmt eine andere und geht zum Ausgangspunkt zurück. Dieses Spiel wiederholt sich, bis er alle Masken getragen hat.
Jeweils auf halbem Weg, d. h. in der Mitte der Spielfläche, bleibt er stehen und entdeckt das Publikum. Auch dies soll zum Charakter der Maske passen: es kann staunend-

Figur und Gegenstand: Pantalone und Arlecchino entdecken einen Geldschein.

naiv sein (Arlecchino), mißtrauisch (Pantalone), stolz-verächtlich (Capitano), mit Bonhomie (Dottore) oder kumpelhaft-schlau (Brighella).

Dieses Spiel kann mit einem Zusatz versehen werden:
Die Figur bleibt jeweils in der Mitte der Spielfläche auf Anruf des Spielleiters stehen und dreht sich um. Auch dabei soll es darum gehen, daß dieses plötzliche Stehenbleiben mit dem Charakter der Maske, mit der Körperhaltung, der Gangart *und* mit der Art des Anrufs (befehlend, vertraulich, zärtlich usw.) im Einklang ist.

5. Figur und Gegenstand

Fünf Spieler stehen auf der Spielfläche und tragen je eine der Masken der Commedia dell'arte; der Spielleiter wirft nacheinander jeder Figur verschiedene Gegenstände zu (z. B. einen Ball, ein Stück Holz, einen Stein, ein Stück Schaumgummi usw.). Für die einzelnen Figuren sind diese Gegenstände nicht konkret (also nicht ein Ball z. B.), sondern abstrakt, d. h. entscheidend ist bloß, wie die Figuren auf das jeweilige Material bzw. die jeweilige Form reagieren, und zwar so, als ob sie den betreffenden Gegenstand zum

erstenmal entdeckten: spielerisch (Arlecchino), habgierig (Pantalone) neugierig (Brighella) usw.

Der Spielleiter legt ein Stück Seil in die Mitte der Spielfläche. Fünf Spieler, jeder mit einer der Masken der Commedia dell'arte, kommen nacheinander auf die Spielfläche und ‹entdecken› den Gegenstand. Dabei versuchen sie, den Gegenstand ‹Seil› zu ‹verfremden›, d. h. in eine andere Funktion und Zweckbestimmung zu geben. Das soll pantomimisch geschehen. Das Seil kann zum Schlauch werden, zur Schlange, zum Spazierstock, zum dürren Ast usw. Alles soll zum Charakter der Maske passen: die Art, wie der Gegenstand entdeckt wird, die neue Zweckbestimmung, die ihm gegeben und wie dies bewerkstelligt und dem Zuschauer mitgeteilt wird, die Art und Weise, wie die Figur auf die neue Zweckbestimmung reagiert und mit dem ‹Gegenstand› umgeht.

In der Mitte der Spielfläche liegt ein Geldschein. Der Ablauf der Übung ist gleich wie oben. Die Spieler kommen nacheinander auf die Spielfläche, entdecken den Geldschein (der diesmal ein Geldschein ist und nicht verfremdet wird).

Auch hier ist, neben der immer wieder zu beachtenden figurentypischen Motorik das jeweilige Verhalten der Figur Gegenstand des Spiels, der Beobachtung und der Kritik: wie entdeckt die Figur den Geldschein, wie nähert sie sich ihm, welche Absichten werden sichtbar, wie wird – falls sich die Figur dazu entschließt – das «Mitlaufenlassen» organisiert: hastig, mit gespielter Langsamkeit, mit auffälliger Ungeschicklichkeit usw.?

Alle diese Übungen, in denen es um die Korrelation Figur und Gegenstand geht, können im Ablauf beliebig kombiniert werden. Es erweist sich als sinnvoll und ermöglicht ein genaues Kennenlernen von Maske und Motorik, wenn die Übungen so durchgeführt werden, daß

● ein Spieler eine gleiche Übung nacheinander mit allen fünf Commedia-Masken macht, um selbst zu erfahren, wie unterschiedlich Motorik und Verhalten der einzelnen Figuren sind;

● nacheinander alle Spieler mit der gleichen Maske eine Übung machen, damit einerseits deutlich wird, wie jeder Schüler mit seinen motorischen und anatomischen Voraussetzungen eine Übung individuell anders lösen wird, und andererseits verschiedene Ideen und Initiativen aufgegriffen und weiterentwickelt werden können.

Wenn die Spieler alle gut mitmachen, kann diese Übung auf diese Weise zu einem idealen Figurenstudium werden, das intensive und differenzierende Einblicke in die Verhaltensweise einer Figur gewährt.

Der Spielleiter kommentiert diese Übungen laufend und konkretisiert sie mit einer Reihe von Bemerkungen, die die Begegnung von Figur und Gegenstand zu eigentlich «theatralischen» Situationen werden lassen.

Begegnung: Pantalone und Colombina

Begegnung: Capitano und Colombina

In einer späteren Phase, d. h. wenn die Spieler bereits ein gewisses Training haben, können die letzteren beiden Spiele mit einer Improvisationsübung verbunden werden:

Der Spieler soll das zunächst pantomimische Spiel mit Worten begleiten und nach und nach zur «Tirade» bzw. zum «Lazzo» werden lassen.

6. Zwei Figuren begegnen sich

Stehen die Körperhaltung und die Motorik der einzelnen Figuren einmal einigermaßen fest (und damit natürlich auch der Charakter und die Verhaltensweise der Figuren), so kann mit der Begegnung von zwei Figuren begonnen werden.

In der Mitte der Spielfläche steht ein Stuhl. Zwei Spieler, jeder mit einer Maske, nähern sich von zwei Seiten diesem Stuhl, jeder in der Absicht, sich zu setzen. Wer setzt sich durch, wer dominiert und wem gelingt es, die Sitzgelegenheit für sich zu beanspruchen, wie verhält sich der Unterlegene, ist er resigniert, enttäuscht, entrüstet usw.? Dies soll in einem rein pantomimischen Spiel sichtbar werden. Ne-

Wichtig ist aber, daß den Spielern die hier genannten Reaktionen nicht etwa vorgegeben oder gar diktiert werden. Sie sollen gemeinsam erarbeitetes und szenisch experimentiertes Ergebnis der Spielsequenz und nicht Aufgabenstellung sein. Voraussetzung ist lediglich, daß den Schülern gesagt wird, wer Colombina ist, die ja in dieser Übung zum erstenmal ins Spiel einbezogen wird: eine Dienerin, also den Herren in der Commedia dell'arte unterstellt, aber dank ihrer Schlagfertigkeit, ihres Mutterwitzes und ihres Charmes ihnen ebenbürtig, wenn nicht gar überlegen.

7. Das magnetische Zentrum

Sobald zwei oder mehrere Spieler gleichzeitig auf der Spielfläche stehen und aufeinander zu reagieren haben, verlangt dies vom einzelnen neben der in den bisher beschriebenen Übungen trainierten Fähigkeit zur Körpersprache und zur genau kontrollierten, figurentypischen Motorik auch die Fähigkeit zur Interaktion und womöglich auch zur Improvisation. Es wird also darauf zu achten sein, daß der einzelne Spieler nicht bloß seine «Übung» durchführt, sondern daß er auf die andern achtet, auf sie eingeht, daß die Beziehungen zwischen den Figuren für die Spielenden spürbar und für die Zuschauenden sichtbar werden.

Fünf bis sechs Spieler stehen weiträumig auf der Spielfläche verteilt und versetzen sich in die Rolle von Alten (Pantalone/Dottore); sie stellen sich vor, genau im Zentrum der Spielfläche komme senkrecht von oben ein einziger wärmender Lichtstrahl und darum herum seien Kälte und Dunkelheit. Sie entdecken den Lichtstrahl, bewegen sich in figurentypischer Motorik auf ihn zu, suchen mit den Händen den wärmenden Lichtstrahl zu orten, suchen den nur einer Person Platz bietenden Lichtstrahl zu erobern,

Begegnung: Arlecchino und Colombina

ben der Motorik, die immer bedeutsam bleibt, soll in diesem Spiel auch die Frage der Beziehung sichtbar werden: wie stehen die Figuren zueinander, welche sozialen Aspekte (z. B. Gefälle Herr/Diener), welche Rivalitäten (z. B. Pantalone/Dottore) diktieren den Verlauf dieser Sequenz?
Colombina und die verliebten Figuren: Eine Schülerin steht als Colombina auf der Spielfläche. Nacheinander nähern sich ihr die fünf Figuren der Commedia dell'arte, um ihr den Hof zu machen. Arlecchino wird dies in kindlicher Naivität tun, Pantalone mit einer etwas senilen Geilheit, aber auch im Bewußtsein seiner sozial höheren Stellung, der

Capitano mit dem hochnäsigen Selbstbewußtsein eines selbsternannten Schürzenjägers.
Und Colombina? Auch sie wird auf jede Figur anders reagieren: mit sympathischer Koketterie und kaum versteckter Zuneigung auf Arlecchino, mit einer Mischung aus Unterwürfigkeit und Abscheu auf Pantalone, mit einer emanzipatorischen Art von Herausforderung auf den Capitano.

kommen dabei in gegenseitige Bedrängnis: dem einen gelingt es, die andern bleiben resigniert stehen, in der Hoffnung, auch noch etwas von diesem Licht und dieser Wärme abzubekommen.

Diesem Spielablauf darf keine «Absprache» vorausgehen; die Bewegungsabläufe sollen sich aus dem Spiel ergeben. Wichtig ist aber, daß jeder Spieler während des ganzen Spiels in seiner Rolle eines Alten bleibt, seine Bewegungen und Reaktionen darauf ausrichtet.

Auf ein Zeichen des Spielleiters wird der fiktive Lichtstrahl zum fiktiven Blitz von großer Hitze und intensiver Helligkeit; die Spieler zucken zusammen: je näher der einzelne Spieler dem Zentrum steht, um so intensiver wird dieses Zusammenzucken sein. Auf ein weiteres Zeichen des Spielleiters erlischt sodann der fiktive Lichtstrahl, die Spieler wenden sich resigniert ab, gehen zum Ausgangspunkt des Spiels zurück, sich gelegentlich umschauend, um sich zu vergewissern, ob der Lichtstrahl nicht doch wieder da ist.

Dieses Spiel ist als Vorübung zum folgenden gedacht: Es soll ein situationsgerechtes Zusammenspiel, aber ebenso die Identifikation mit einer Rolle/Situation ermöglichen und bewußt werden lassen. Mit der Commedia dell'arte im engeren Sinne hat es nur insofern zu tun, als es eine Rolle (z. B. die der Alten) thematisiert. Es ist natürlich ohne weiteres möglich, diese gleiche Übung auch mit den andern Figuren der Commedia dell'arte und mit einem andern «magnetischen» Zentrum durchzuführen, z. B. mit einer Gruppe von Capitani (da kann anstelle des «Lichtstrahls» ein «Feind» treten, den jeder einzelne in der Art von Don Quijote angreift, bzw. vor dem er zurückweicht). Oder mit einer Gruppe von Arlecchini (wobei der «Lichtstrahl» zum «Teller Spaghetti» wird, den jeder erobern möchte, der aber so heiß ist, daß man ihn nicht anrühren kann, und der plötzlich auf unerklärliche Weise verschwindet, was die Figuren resigniert an den Ausgangspunkt zurückkehren und sie das Hungergefühl erneut empfinden läßt).

In diesem Spiel mit dem «magnetischen» Zentrum kann auch – ohne daß eine vorherige Absprache oder eine «Regietätigkeit» des Spielleiters nötig ist, ein choreographisch stimmiges szenisches Arrangement erreicht werden, wenn die Ausgangslage (Spieler weiträumig auf der Spielfläche verteilt), das «magnetische» Zentrum und der Spielverlauf bekannt sind. Die Gänge, die Bewegungsabläufe, die Formierung und die Auflösung der Gruppe werden automatisch richtig und für den Zuschauer plausibel.

Zu den Bildern auf Seite ... bis ...: Beispiel einer »freien« Improvisation – die «Geburt von Theaterfiguren».

59

8. Das «Denkmal» der Commedia

Sechs Spieler (Colombina und die fünf Maskenfiguren) stellen sich auf der Spielfläche (wenn möglich auf einem kleinen Podest von ca. 2 x 3 m) auf und formieren sich zu einem «Denkmal», d. h. zu einem stehenden Bild. Das Vorgehen ist gleich wie bei Übung 2 (Plastilinmensch). Die Spieler entwickeln keine Eigeninitiative, sondern lassen sich, verbal oder durch unmittelbares «Modellieren», in eine bestimmte figurentypische Haltung bringen, wobei das Element der Beziehung der Figuren zueinander von zentraler Bedeutung wird. Der Spielleiter wird der Gruppe zunächst die Initiative überlassen, damit die Spieler selbst diskutieren und erproben, wie die Figuren zueinander stehen und welches ihre wechselseitigen Beziehungen sind. In einer zweiten Phase kann der Spielleiter gewisse konkrete Bedingungen eingeben und im Denkmal historische Hintergründe, szeni-

sche Realitäten und choreographische Stilmerkmale der Commedia dell'arte umsetzen. Er kann z. B. die Bedingung eingeben, dieses Denkmal müsse die sozialen Beziehungen der Commedia dell'arte thematisieren: das Verhältnis zwischen Dienern und Herren, die Vermittlerrolle der Colombina, das Spannungsverhältnis unter den «Herren», die ja ihrerseits jeder eine Form der Macht und deren Pervertierung repräsentieren: Pantalone die Macht des Geldes, der Dottore die Macht des Wissens und der Capitano die Macht der Waffen; Finanz, Technokratie und Militär! Bei diesem Denkmal als soziale Stufenleiter sind beliebig viele Varianten denkbar; sie gehen von den sozialen Re-

alitäten zur Zeit der Commedia dell'arte, über deren kritische Analyse bis zur Veränderung der sozialen Gegebenheiten; es können historische Veränderungen und gleichbleibende Machtmechanismen aufgezeigt werden. In einer weiteren Phase kann der Spielleiter bei diesem Denkmal Spielsituationen vorgeben, die zu den immer wiederkehrenden der Commedia dell'arte gehören und bei denen die «fundamentalen Wahrheiten», die charaktertypischen Merkmale sowie ihre gegenseitigen Beziehungen erneut sichtbar werden:

61

Die Spieler stellen sich z. B. die Hochzeit von Colombina mit Arlecchino vor; diese beiden stehen in der Mitte der Spielfläche (des Podests), bereit zum «Erinnerungsbild»; um sie herum stehen die andern Masken: Capitano, Brighella, Dottore, Pantalone. Jeder von ihnen hat auch ein Auge auf Colombina gehabt, jeder hat sie auf seine Weise gewollt und jeder blickt jetzt das Paar in einer Weise an, die seine gegenwärtige Stimmung (Eifersucht, Rivalität, Mißgunst, Neid, vorgetäuschter oder echter Gleichmut, aber auch Anteilnahme am Glück der andern) zum Ausdruck bringt. Auch diese Situation, die ja eines der ewig wiederkehrenden

Grundgefühle der Commedia dell'arte – die Liebe – darstellt, kann mit dem Denkmalspiel beliebig variiert, entwickelt und verändert werden. Die Zuschauer haben dabei keine passive Rolle, sie sind die Animatoren und Kritiker, sie sollen die Situationen diskutieren und diskutierend verändern. (Anregung: für spätere Übungen, dieses Denkmal photographisch festhalten.)

9. Maske und Ausdruck – der psychologische Aspekt

In der didaktischen Einleitung dieses Kapitels ist festgehalten worden, daß die Maske die Physiognomie verdecke und den Spielenden erbarmungslos in eine fremde Rolle zwinge. Es wäre aber ein Irrtum, anzunehmen, daß das Gesicht hinter der Maske reglos und unbeteiligt bleibt. Im Gegenteil: obwohl das Gesicht verdeckt ist, muß der Spieler darauf achten, daß er alle Reaktionen, die seine Figur in einer bestimmten Situation zeigt, auch in seinem Gesicht zum Ausdruck kommen. Nur so werden die Situationen «wahr», nur so wird die Motorik des Körpers (die ja nicht abtrennbar ist) stimmen, nur so können andererseits die trotz der Maske sichtbaren Partien des Gesichts (die Augen, bei den Commedia-Masken auch der Mund) den Ausdruck bekommen, der dann auch zum Charakter der Figur paßt, der dann der Maske auch das Leben geben wird. Wenn das Gesicht hinter der Maske reglos bliebe, wäre

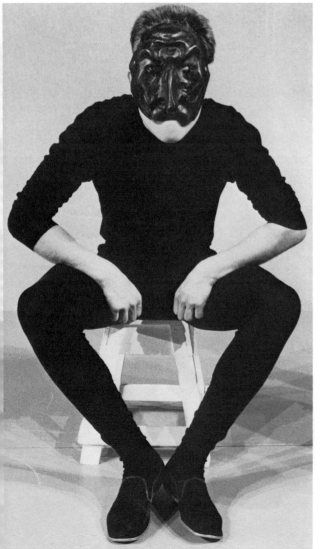

diese bloß eine fremde Hülle, etwas dem Spiel unnatürlich Aufgesetztes, wäre aber auch das Spiel einer Figur letztlich unecht und unglaubwürdig. Die Sprache der Physiognomie – sichtbar oder unsichtbar – und die Sprache des Körpers müssen im Einklang sein.

Die folgenden Übungen sollen dazu dienen, den Gesichtsausdruck hinter der Maske bewußt und kontrollierbar zu machen. Gleichzeitig aber, ja fast mehr noch, dienen sie dazu, den Spielern zu helfen, sich in eine Situation und damit auch in die Befindlichkeit einer Figur einzuleben. Alle Übungen können mit einem einzelnen oder gleichzeitig mit mehreren Spielern durchgeführt werden.

Ein Spieler sitzt auf einem Stuhl mit einer Pantalone-Maske. Er stellt sich vor, vor ihm stehe ein Tisch und darauf liege eine große Geldsumme. Der Spielleiter kommentiert und lenkt damit die folgenden Reaktionen: Pantalone schaut das Geld an, die Lust, es zu besitzen, wird in ihm wach, habgierig und lüstern stiert er es an, seine Hände wollen nach dem Geld greifen, sein ganzer Körper bringt Habgier zum Ausdruck. Wenn die Haltung des Spielers stimmt, nimmt ihm der Spielleiter unvermittelt die Maske ab; die Anwesenden können die Gesichtszüge des Spielers kontrollieren: auch jetzt, d. h. ohne die Maske, muß der Ausdruck mit dem Körper in Einklang sein.

Die Spieler lernen viel in bezug auf das Verhalten von Figuren und sie bringen – hinter der Maske – auch erstaunlich reichhaltige und überzeugende Ausdrucksweisen fertig. Das Abnehmen der Maske wird aber, damit auch die Kontrolle ergiebig ist, stets in einem konzentrierten Moment des Spiels erfolgen müssen.

Mit der gleichen Maske (Pantalone) sind auch andere Situationen denkbar, die jeweils eine andere Reaktion und damit auch einen andern Gesichtsausdruck zeigen werden:

Pantalone als Insasse eines Altersheims: er sitzt vor dem Haus auf einem Stuhl, in der Sonne, die Leere eines ganzen Nachmittags vor sich, einsam, apathisch, stumpf, gedankenverloren.

Pantalone als Voyeur: seine Lüsternheit wird wach, gleichzeitig verbirgt er aber auch allzu deutliche Reaktionen, um sich nicht zu verraten und um nicht die Aufmerksamkeit auf sich zu lenken.

Mehrere Pantaloni (oder auch die Gruppe Capitano, Dottore und Pantalone) als Verwaltungsratsmitglieder einer Großbank oder eines multinationalen Konzerns bei einer Pressekonferenz: auf ihren Gesichtern und in ihrer Motorik zeigen sich Süffisanz und die arrogante Selbstverständlichkeit, mit der sie die Machtposition innehaben.

Capitano als Playboy auf dem Sprungbrett einer öffentlichen Badeanstalt (oder als Bodybuilder bei einer öffentlichen Veranstaltung): die Blicke sind auf ihn gerichtet, er weiß und genießt das, er stellt sich und seinen Körper zur Schau, mit viel Narzißmus und gleichzeitig mit viel Herablassung.

Arlecchino als Träumer: in der Rolle eines Schülers in einer langweiligen Schulstunde, seine Gedanken sind woanders, er beginnt zu träumen und vergißt alles um sich herum, bis er plötzlich, durch die warnende Stimme des Lehrers, in die Realität zurückgerufen wird.

Arlecchino und der imaginäre Schmetterling: er verfolgt ihn mit den Blicken und Händen, er vergißt alles um sich herum.

Es wird dem Spielleiter überlassen, weitere Situationen zu erfinden und mit den Schülern durchzuspielen. Jede dieser Situationen soll aber, auch wenn sie «modern» ist, dem Charakter der Figur angemessen sein. Sie soll auch dazu dienen, einen Baustein in der Erarbeitung der Psychologie der einzelnen Figur darzustellen. Das Abnehmen der Maske und damit die Bloßlegung des Physiognomie hat dabei die Funktion einer Kontrolle.

Maske und Ausdruck der Mundpartie: der traurige, der spöttische, der gierige und der ängstliche Arlecchino.

TEIL IV
Die Improvisation

Die Improvisation – eine didaktische Einführung

Die im vorigen Kapitel beschriebenen Übungen und Spielabläufe zur Arbeit mit Typen und Masken sind, ihrer Natur und Anlage nach, immer auch Improvisationsübungen und daher auch als solche einsetzbar. Generell ist zu sagen, daß die in der vorliegenden Darstellung vorgenommene Trennung in »Spiele mit Masken«, «Improvisation» und «Bühnengrammatik» eine vorwiegend theoretisch-didaktische ist. Im Spiel- und Arbeitsprozeß werden sich die Bereiche mehr und mehr überschneiden und bilden schließlich eine Einheit.

Wo immer ein Spieler aus einer bestimmten Situation (oder auch: Rolle) heraus auf Vorgegebenes reagieren, spontan handeln und Neues entwickeln muß, wo immer spontane und unvorbereitete Interaktionsprozesse zwischen mehreren Spielern ablaufen, findet eine Form von Improvisation statt. Das Tragen einer Maske erhöht diesen Improvisationscharakter und erschwert ihn gleichzeitig, weil dem Spieler durch die Maske eine zunächst fremde und klar definierte Rolle übergestülpt wird, die seinen Handlungsspielraum einschränkt, Spontaneität nur innerhalb eines bestimmten, vorgegebenen Rahmens gestattet und daher sichtbar macht, welche Handlungsweisen sich mit dem Charakter einer Figur vertragen und welche nicht.

An dieser Stelle sei wiederholt, was schon in der Einführung (vgl. p. 40) gesagt wurde: dem möglichen Einwand, damit werde Schultheater zum «Anlernen» von fixen Rollen degradiert, kann man mit dem Hinweis begegnen, daß sich ein Schüler in jeder Rollendarstellung, sofern er diese selbst entdecken und entwickeln kann, immer auch selbst verwirklicht. Rollengestaltung, wie sie hier verstanden wird, ist ein kreativer Prozeß.

Die «freie» Improvisation

Als «freie» Improvisation wird jene Spielform bezeichnet, in der der Spielende sich möglichst spontan verhält, dabei die Gegebenheiten und Bedingungen, denen er unterliegt, spielend und spielerisch erforscht, Grenzen erkennt und vielleicht überschreitet. Möglichkeiten erprobt, neue Handlungsmodelle entdeckt und weiterentwickelt, dabei seine Umwelt und sich selber, seine üblicherweise vielleicht verborgenen, überkrusteten oder unterdrückten Ängste und Hoffnungen, ihm unbekannte Reaktionen entdeckend und spielerisch-spielend (d. h. in einem zunächst «zensurfreien» Raum) weiterentwickeln kann. Das ist, als theaterpädagogisches Instrument, bekannt und oft gefordert, beschrieben und erprobt worden. Daher soll auf diese Art von Improvisation hier auch nicht näher eingegangen werden. Für unser Anliegen, die Arbeit mit der commedia dell'arte, ist sie auch nur insofern nutzbar zu machen, als sie der spielerischen Entdeckung, Erprobung, Überprüfung und Weiterentwicklung (d. h. Nuancierung, Differenzierung, Korrektur evtl. auch Aktualisierung) der Wesenseigenarten und Handlungsspielräume einer Commedia-Figur dienen kann.

Die «gebundene» Improvisation

Konstituierend aber für die Commedia dell'arte, historisch gesichert und theaterpädagogisch für unsern Zusammenhang bedeutsam aber ist eine andere Form von Improvisation als die eben angedeutete. Wir nennen sie, so paradox der Begriff auch zunächst klingen mag, die «gebundene» oder «vorbereitete» Improvisation. Es ist bekannt, daß die Schauspieler der Commedia dell'arte über keine ausformulierten Bühnentexte, sondern nur über grob umschriebene Szenenabläufe (canovaccio, outline) verfügten: das war ihre wichtigste Arbeitsgrundlage. Davon ausgehend, ihrer Phantasie (und ihrer Berufserfahrung sowie ihren literarischen Kenntnissen, d. h. ihrem Repertoire und dem Reservoir von Texten und Lazzi) vertrauend, gestalteten sie das vorgegebene Szenario in ihren Proben, entwickelten es weiter, paßten es den jeweils wechselnden Spielbedingungen an, veränderten, bereicherten, strafften sie den Spielverlauf. Das auf der Bühne schließlich gezeigte «Stück» war also das Produkt eines Arbeitsprozesses mit wenig Vorgabe und einem großen Anteil an Phantasie und Improvisation.

Wenn die Commedia-Schauspieler auftraten, gab es dann nur noch gelegentlich «spontane» Improvisation und auch dann nur innerhalb eines zuvor abgesprochenen Rahmens. Improvisation war die Form, in der die Stücke erarbeitet wurden. Wenn eine befriedigende, überzeugende, publikumswirksame Form gefunden war, wurde sie festgelegt. Einen schriftlich fixierten Text freilich gab es auch dann nicht, wohl aber einen allen Spielern der Truppe bekannten, mehr oder weniger verbindlichen.

Damit wird einer Behauptung entgegengetreten, die sich in verschiedenen Darstellungen findet, die oft unreflektiert weitergegeben wurde und die dazu geführt hat, daß der Begriff der Commedia-Improvisation gelegentlich verfälscht und mystifiziert worden ist. Improvisation, das sei hier mit Nachdruck festgehalten, war in erster Linie Probentechnik und nur zu einem sehr geringen Teil Aufführungstechnik. Diese wiederum war nur möglich, weil die Commedia-Schauspieler meist – oft während ihrer ganzen beruflichen Karriere – die gleiche Rolle spielten. Das gab Routine, Flexibilität und erlaubte einen Freiraum für Improvisationen, die nur vordergründig als «spontan» angesehen werden können, in Wirklichkeit aber Know-how waren, Zitier- und Collagetechnik.

Da es aber nicht in der theaterpädagogischen Absicht liegt, den einzelnen Schüler auf bloß eine Rolle «abzurichten» und da er unmöglich über das erforderliche Know-how verfügt, verschließt sich diese Form von Improvisation dem didaktischen Zugang. Die Einschränkung auf die Improvisation als reine Arbeitsform, Probentechnik und Erarbeitungsstrategie ist daher unumgänglich.

Die so verstandene Art von Improvisation stellt unseres Erachtens einen für die Theaterpädagogik wichtigen Spielansatz dar, der einen wesentlichen Bereich zwischen der freien Improvisation und dem von festen, vorgegebenen Texten ausgehenden und diesen als «Krücke» benützenden Schulspiel abdeckt, und in dem Selbstkontrolle, sprachliche Kompetenz, Spontaneität, Kreativität und Interaktionsvermögen in gleichem Maße gefragt sind.

Improvisation als Erarbeitungstechnik löst außerdem wie von selbst ein vieldiskutiertes Dilemma des Schultheaters: sie ist einerseits per definitionem prozeßorientiert, macht also Theaterspiel zu einem Arbeitsvorgang, in dem die eben genannten Fähigkeiten von zentraler Bedeutung sind, und sie ist andererseits produktorientiert: denn sie dient der «allmählichen Verfertigung» im Hinblick auf eine «Vorstellung» und unterliegt den Gesetzen des zuschauerorientierten Spielens, womit gleichzeitig auch formale und ästhetische Ansprüche gestellt sind.

Der Prozeß einer solchen Improvisation sieht etwa wie folgt aus: Die Spieler legen gemeinsam einen Spielablauf fest, einen Szenenverlauf (gegebenenfalls auch bloß einen Spielanfang, eine Ausgangssituation), der von den Figuren der Commedia dell'arte ausgeht und diese in eine nach gemeinsam definierten «Merkpunkten» festgelegte Situation bringt, in der sie typengerecht zu handeln haben. In einem ersten Durchgang, der vermutlich sprachlich und gestalterisch eher armselig wirken wird, wird dieser Spielablauf allen Spielern bewußt gemacht. Dann erst beginnt die eigentliche Improvisation:

Mikroeinheiten dieses Szenarios werden aufgegriffen, wieder und wieder gespielt, angereichert mit szenischen Einfällen (die eben nur beim Spielen kommen können!), Wortspielen, Handlungselementen, die immer wieder auf ihre dramaturgische Tauglichkeit und ihre Komik hin geprüft und, je nachdem, wieder verworfen oder aber verändert und verfeinert werden.

Das ist, in erster Linie, eine Anforderung an die Phantasie. In etappenweisem Vorgehen werden die Spieler andauernd dazu angehalten, neue Formen zu entwickeln, und jeder Einfall ist der Kontrolle durch direkte Erprobung unterworfen. Improvisation in dieser Form ist, im Sinne des in der Einleitung zitierten Kleist-Worts von der «allmählichen Verfertigung der Gedanken beim Reden», eine allmähliche Verfertigung der Einfälle beim Spielen, eine allmähliche Verfertigung der Sprache beim Handeln.

Gefordert und *gefördert werden bei diesem Vorgehen aber auch, wie bereits festgehalten: Spontaneität und Selbstkontrolle, sprachliche Kompetenz und Interaktionsfähigkeit.*

Spontaneität und Selbstkontrolle
Der Spieler lernt und muß in der Lage sein, schnell und situationsspezifisch zu reagieren, auf neue Situationen einzugehen, Impulse von Mitspielern aufzunehmen und rollen-(typen)-gerecht abzuwandeln. Er muß gleichzeitig spontan sein und kontrolliert hinsichtlich seiner Handlungsweise im Rahmen von Situation und Maske/Person. Ein hoher Anspruch, der nur durch Training, durch Spielerfahrung und durch Mut zum Wiederholen und Abwandeln zu erfüllen ist.

Sprachliche Kompetenz
In allen stegreifartig gespielten Situationen muß der Spieler auch sprachlich reagieren; die Fähigkeit zum charaktertypischen, situations- spezifischen und adressatenbezogenen Artikulieren und Argumentieren wird geschult. Das ist, über die Theaterpädagogik hinaus, auch ein sprachdidaktisches Anliegen: den Spielern wird, in jeder Phase der Improvisation, bewußt gemacht, was sprachliches Handeln bedeutet:*

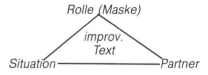

Man darf sich dabei nicht durch erste, vielleicht magere, naive oder kindlich wirkende Dialoge entmutigen lassen. Überzeugende Dialoge, die auch witzig und schlagfertig sind und die vom Mut zum Experiment und zum Wortspiel geprägt sind, werden erst im Verlaufe der Improvisationsarbeit entstehen.

Interaktionsfähigkeit
Improvisation im Sinne der Commedia dell'arte ist – von den «Lazzi» und den «tirate», die später gesondert abgehandelt werden, abgesehen – immer auch Zusammenspiel, Gruppenprozeß: Jeder Spieler muß auf seinen jeweiligen Partner eingehen, ihm die für die Improvisation unerläßlichen Stichworte, Anregungen («Weichenstellungen») liefern, ihm Spielchancen einräumen und sich darauf verlassen können, daß andere ihm an entscheidender Stelle seinen Freiraum und seine szenische Entfaltungsmöglichkeit geben. Das verlangt Aufmerksamkeit für den Mitspieler, gegenseitige Rücksichtnahme, die Fähigkeit zur Einordnung in den Gruppenprozeß. Die Ideen und Vorstellungen des einzelnen Spielers, ob sie nun seine Rolle betreffen oder die eines Mitspielers, sollen in jeder Phase des Spielprozesses erprobt und diskutiert werden. Damit ist auch verdeutlicht, warum weiter oben die Spielform der Commedia dell'arte eine demokratische genannt worden ist: die Spielformen und Spielprozesse entstehen in der Gruppe, grundsätzlich soll jeder Einfall, auch

der von gerade zuschauenden Mitschülern, ernstgenommen und auf seine Spielbarkeit/Wirkung/ästhetische Verantwortbarkeit hin erprobt werden. Der Spielleiter selbst hat eigentlich bloß die Funktion eines Animators und Koordinators: die Aufgabe, die Phantasie der Spieler anzuregen, ihnen Einfälle zu entlocken und die Einfälle im Rahmen des Handlungsablaufs zu koordinieren.

Selbstverständlich muß eine Gruppe den Mut aufbringen, den anfänglich festgelegten Szenenablauf, der ja zunächst kaum mehr ist als eine Idee, eine «gedachte» Spielmöglichkeit, zu verändern, ihm vielleicht eine ganz andere Richtung zu geben als ursprünglich vorgesehen und hinsichtlich der Personen andere Akzente zu setzen als anfänglich abgesprochen. Dabei kommt dem Spielleiter noch eine weitere Funktion zu: er ist so etwas wie der historische Gewährsmann der Commedia dell'arte; er soll den Mut haben, alle Einfälle – auch die «absurd» scheinenden – zu erproben, bis an die Grenzen des Machbaren und Denkbaren zu gehen – aber er soll eine deutliche Grenze setzen, wo die Entwicklung der Improvisation gegen den Stil und die «Wahrheit» der Commedia dell'arte verstößt. Denn die Commedia dell'arte soll witzig sein, aber nie vulgär, komisch, aber nicht derb, schlagfertig und schnell, aber weder schnoddrig noch schludrig.
Als Spielleiter wird man dabei die Erfahrung machen, daß die Spieler eher ängstlich sind als unkontrolliert; daß sie eher dazu neigen, die Figuren mit viel Realitätssinn in einem relativ eng definierten historischen Rahmen mit viel Zeit- und Lokalkolorit zu sehen, als dazu, alle historischen Bedingtheiten hintanzustellen und wild zu phantasieren. Das heißt: der Spielleiter, als Gewährsmann der Commedia dell'arte, wird weniger danach trachten müssen, den Spielern Grenzen zu setzen, als ihnen Mut zu machen, zu enge Grenzen zu überschreiten und die Vielfalt, die spielerischen

Möglichkeiten der Commedia dell'arte zu entdecken, das Angebot eines Szenarios auszuschöpfen und die psychologische Realität einer Commedia-Figur bis in die verborgenen Winkel hinein zu ergründen.
Als Vorlage für ein Szenario zu einem Commedia-Spiel kann Verschiedenes dienen: Der Spieler kann, zusammen mit der Gruppe und ausgehend von den Figuren und vielleicht auch von klassischen Handlungsmustern, ein Szenario erfinden, konstruieren: die vielleicht kreativste, aber auch die schwierigste Form. – Er kann eines der überlieferten Szenarii (z. B. aus Flaminio Scalas «Cinquante giornate») wählen, er kann eine Prosavorlage nehmen, diese auf ein spielbares Handlungsgerüst reduzieren und darauf die Improvisation aufbauen (als Fundgrube erweisen sich immer wieder spätmittelalterliche Schwankerzählungen, ganz besonders Boccaccios «Decamerone», wo ein Personal agiert, das dem der Commedia dell'arte in vielem genau entspricht), er kann eine Spielszene aus einer der Commedia dell'arte verwandten Komödie (Ruzante, Goldoni, Molière, Marivaux) entnehmen, die Szene mit den Spielern lesen und anschließend – ohne sich an den gelesenen Text zu halten – die Szene frei improvisieren und dabei vielleicht auch Varianten und neue Möglichkeiten entwickeln. Oder er kann eine Szene aus einem Theaterstück einer ganz anderen Epoche wählen und diese mit den Figuren der Commedia dell'arte, nach wie vor im hier definierten Sinne improvisierend, spielen. So ist es z. B. sehr reizvoll, Szenen aus einer Komödie von Aristophanes oder auch aus einem Stück von Beckett etwa, mit den Figuren der Commedia dell'arte zu spielen. Das hilft einerseits, die jeweiligen Stücke in einem vielleicht neuen Lichte zu sehen, und erlaubt andererseits, die Figuren der Commedia dell'arte in einer zunächst fremden Situation zu sehen und die universale Wahrheit der Figuren zu bestätigen.

" ● *Die «freie» Improvisation, die ein fundamental kreativer Prozeß ist, erlaubt die spielerische Entdeckung und Weiterentwicklung (situationsbezogene Nuancierung) der einzelnen commedia-Figuren.*

● *Die «gebundene» Improvisation ist eine für die Commedia dell'arte konstituierende Arbeits- und Probentechnik. Auf der Basis des Canovaccio werden Szenen entwickelt und ausgebaut.*

● *Die «gebundene» Improvisation ist sowohl prozeß- als auch produktorientiert.*

● *In der Improvisation werden Spontaneität, Selbstkontrolle, sprachliche Kompetenz und Interaktionsfähigkeit in gleichem Maße gefördert.*

● *Die «gebundene» Improvisation ist ein ideales Mittel für den Fremdsprachenunterricht. In einem zensurfreien Raum können die Schüler eine fremde Sprache als Kommunikationsinstrument spielerisch erproben. Die vorgegebenen Figuren und Handlungsabläufe erleichtern diesen Prozeß.* **"**

An diesem Punkt stellt sich das Problem der in diesen Improvisationen zu verwendenden Sprachschicht: ausgehend von der Tatsache, daß in der italienischen Tradition jeder der Figuren der Commedia dell'arte eine dialektale Sprachform als zusätzliches Charakteristikum (Arlecchino und Brighella: bergamaskisch und venezianisch; Pantalone: venezianisch; Dottore: bolognesisch vermischt mit Latein) zugedacht war, könnte man auf die Idee verfallen, auch in der Übertragung auf den deutschsprachigen Raum die Figuren unterschiedliche Dialekte sprechen zu lassen. Wie die Erfahrung aber zeigt, ist dies jedoch kaum möglich, und entsprechende Versuche wirken schnell einmal peinlich. Dies hat, abgesehen von der Tatsache, daß Schüler kaum über die entsprechenden Kompetenzen verfügen, vor allem zwei Gründe: zum einen läßt sich die im italienischen Sprachraum dialekttypische Sprachverwendung der Commedia dell'arte, seit Jahrhunderten den Zuschauern als Charakterelement vertraut und als Signal auch für die soziale Provenienz verstanden, kaum übertragen, da das Bewußtsein für den Dialekt als «Markenzeichen», weil dies keine Tradition hat, weitgehend fehlt und außerdem heute verwischt ist; und zum andern weckt im deutschsprachigen Raum die Dialektverwendung schnell einmal falsche folkloristische Assoziationen.

Vermutlich fährt man am besten, wenn man, da die Schwierigkeiten in der Improvisation ohnehin groß genug sind, von einer inneren Differenzierung der dialekttypischen Sprachverwendung absieht und die Schüler zunächst in einer Einheitssprache improvisieren läßt. Stilistische, d. h. schichtenspezifische Differenzierungen werden sich im Verlaufe der Improvisationsarbeit ohnehin bald einmal aufdrängen.

Denkbar wäre natürlich, was aber nur in Regionen mit entsprechenden Sprachverhältnissen möglich ist, die «Diener» Dialekt und die «Herren» Hochsprache sprechen zu lassen. Es kann auch der Versuch gemacht werden, die Commedia dell'arte in Regionen mit hohem Ausländeranteil für die Überwindung der in einer bestimmten sozialen Gruppe (z. B. Schule) auftretenden Sprachunterschiede nutzbar zu machen, also die «Zanni» etwa türkisch (oder jugoslawisch, griechisch usw.), die «Herren» deutsch sprechen zu lassen. Dies könnte, da in der Commedia dell'arte ja die Diener (inkl. Colombina) das Sagen haben und die Herren parodiert und – für die Dauer des Spiels der Lächerlichkeit preisgegeben werden – mögliche Kompensationsformen schaffen. Sollte ein solcher Versuch jedoch, bewußt oder unbewußt, einer Konsolidierung von Rollenauffassungen und sozialen Positionen gleichkommen – und die Gefahr ist groß (vgl. in Teil V die Anmerkungen zur «subversiven» Ästhetik der Commedia dell'arte) –, so müßte dringend davon abgeraten werden.

Improvisation und Fremdsprachenunterricht

Die oben beschriebene Form von Improvisation in der Art der Commedia dell'arte, d. h. mit genau festgelegten Situationen und genau umrissenen Typen ist für den Fremdsprachenunterricht ein geradezu ideales Instrument. Die kommunikative Grundsituation, die Möglichkeiten Sprechsituationen zu erproben, zu verbessern evtl. auch zu verändern und gegen andere auszutauschen, die Anforderung adressatenspezifischer und situationsspezifischer Sprech- und Argumentationsweise, die Möglichkeit, Sprachformen in einem zunächst «zensurfreien» und sanktionsfreien Raum spielerisch zu erproben und dann wo nötig zu verbessern und zu variieren: das schafft eine Lernsituation, die den Vorstellungen der modernen Fremdsprachendidaktik entspricht. Schultheater und Fremdsprachenunterricht fallen hier in einer Form zusammen, die dem Lernenden Chancen bietet und die nichts mit dem im Fremdsprachenunterricht gelegentlich praktizierten, langweiligen Auswendiglernen und sturen Hersagen von Spielszenen und Sketches, die authentische Sprachsituationen vorgaukeln, zu tun hat.

Es wäre allerdings verfehlt, die Sprachmechanismen bei der fremdsprachigen Improvisation mit denen der muttersprachlichen einfach gleichzusetzen. Freie Improvisation ist an sich nur bei entsprechender Sprachkompetenz möglich, d. h. mit einem internalisierten und jederzeit reaktivierbaren Sprachreservoir. Das ist bei der Muttersprache im Normalfall gegeben, in der Fremdsprache jedoch nur in sehr reduzierter Form, zumindest in der Phase des Lernprozesses. Die «gebundene» Improvisation dagegen, die ja den Handlungsrahmen skizziert und damit auch ein abgegrenztes Sprachreservoir erfordert, und die die Improvisation zur Lern- und Erarbeitungstechnik macht, ist durchaus auf den Fremdsprachenunterricht übertragbar. Man wird sich dabei allerdings mit Kleinformen und kurzen Szenen begnügen müssen. Im Fremdsprachenunterricht etwa einen ganzen Canovaccio zu improvisieren, wäre kontraproduktiv und ergäbe didaktisch keinen Sinn, weil das letztlich – mangels Sprachreservoir – doch wieder auf ein Auswendiglernen von eingeübten Sätzen hinauslaufen würde, was man ja eigentlich vermeiden möchte. In der fremdsprachigen Improvisation muß eine Szene manipulierbar bleiben, d. h. überschaubar im Personal und in den Handlungsabläufen, überschaubar und veränderbar; nur so kann ein bereits vorhandenes Sprachreservoir aktiviert und angereichert werden.

Fremdsprachige Improvisation hat über das bisher Festgestellte hinaus eine willkommene Begleiterscheinung: Die Körpersprache wird um so intensiver, je restringierter das sprachliche Angebot ist. Wer (zunächst!) die Worte nicht hat, muß mit eindeutigen Gesten auskommen. Findet sich dann die Sprache, so bleiben die Gesten dennoch erhalten. Sprache und Gebärde sind im Einklang.

Das alles gilt natürlich, obwohl es sich hier um eine Darstellung der Commedia dell'arte handelt, nicht nur für die italienische Sprache. Da die Figuren und die Situationen der Commedia dell'arte universal sind, gibt es keinen Grund, einen Pantalone (oder irgendeine andere Figur der commedia dell'arte) nicht etwa auch französisch, englisch oder spanisch sprechen zu lassen.

Von den im folgenden Übungsteil vorgeschlagenen Spielanregungen sind nicht alle auf den Fremdsprachenunterricht übertragbar.

Die Übungsbeispiele, die sich nach unseren Erfahrungen besonders eignen, werden im folgenden mit △ bezeichnet.

Übungsbeispiele zur freien Improvisation

1. Die Geburt von Theaterfiguren

Diese erste Übung soll die Spieler dazu befähigen, sich in der und durch die Improvisation zu «verwandeln», Theaterfiguren zu erfinden, zu entdecken, zu entwickeln und somit auch Bühnensituationen herzustellen.

Grundsituation

Auf der Spielfläche wird ein großflächiges schwarzes Tuch (Ausmaße mindestens 2 x 4 m) ausgelegt. Vier bis fünf Spieler werden aufgefordert, unter dieses Tuch zu gehen, in beliebiger Haltung sitzend, liegend oder zusammengekauert, und zwar so, daß jeder rundum vom schwarzen Tuch bedeckt ist und keiner die Anwesenheit der andern Spieler spüren oder wahrnehmen kann.

Die Spieler verharren eine Zeitlang unter diesem schwarzen Tuch und konzentrieren sich auf die Empfindungen, die sich in dieser Lage einstellen. Das kann ein Gefühl der Angst sein, des Eingesperrtseins, der Enge, aber auch des Schutzes, der Geborgenheit.

Ohne Absprache und ohne daß eine Reihenfolge festgelegt wird, kommen die Spieler unter dem Tuch hervor. Dieses Hervorkommen kann, je nach Empfindungslage des Spielers, abrupt geschehen oder zögernd, kann als Ausbruch, als Befreiung oder als Ausstoßung, bzw. Bloßstellung empfunden werden. Es ist auch denkbar, daß ein Spieler gar nicht unter dem Tuch hervorkommen will und erst von den andern herausgeholt wird, daß er unter das Tuch zurück will und von den andern daran gehindert oder dorthin gestoßen wird.

Die einzelnen Spieler sollen nun, wenn sie unter dem Tuch hervorkommen, die Umgebung wie etwas absolut Neues erleben, den Raum, die Luft, das Licht, sich selbst: wie etwas, das sie noch nie gesehen haben.

Sobald mindestens zwei Spieler unter dem Tuch hervorgekommen sind, setzt auch das gegenseitige Erkennen ein: jeder stellt sich vor, er sehe den andern zum erstenmal. Damit beginnt auch die Interaktion: wie reagieren die Figuren (ausgehend von dem Gefühl, mit dem sie unter dem Tuch hervorgekrochen sind), wenn sie sich gegenseitig wahrnehmen? In dieser Situation kann das Staunen dominieren oder die Neugier oder die Furcht. Sie kann die Spieler zusammenführen oder sie voreinander fliehen lassen, sie bringt sie möglicherweise auch dazu, eine Begegnung zu fürchten und sich wieder unter das Tuch zurückzuziehen. Je mehr Spieler dazukommen, um so komplexer, spannender wird das Spiel.

Die Spielbedingung, daß die Mitwirkenden sich ganz auf ihr momentanes Empfinden verlassen und die Umwelt wie etwas tatsächlich Neues erleben sollen, mag etwas konstruiert und künstlich wirken und schwer realisierbar scheinen. Sie ist aber für den Spielverlauf unabdingbare Voraussetzung. Nur mit dieser Bedingung wird es gelingen, der Situation auch eine Eigengesetzlichkeit zu verleihen, nur so wird es möglich sein, die Spielsituation nicht als wie immer auch geartete Fortsetzung des Alltags, sondern als Theatersituation mit eigenen Gesetzmäßigkeiten zu erfahren, zu erleben, zu entwickeln.

Es ist dies kein Spiel um Selbsterkenntnis oder um einen gruppendynamischen Prozeß (obwohl es, wenn man will, dazu gemacht werden kann), sondern der Versuch, mit dem «Durchgang» durch das schwarze Tuch die Alltagsrealität abzustreifen und eine neue Realität, eine Bühnenrealität, eine «Theaterwelt» zu finden und sich spielerisch darin zu bewegen.

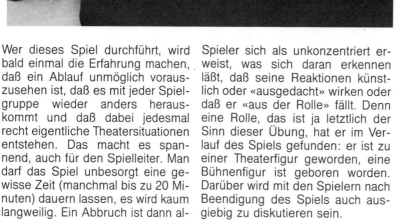

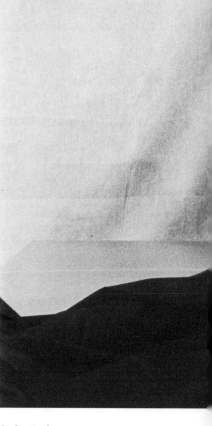

Wer dieses Spiel durchführt, wird bald einmal die Erfahrung machen, daß ein Ablauf unmöglich vorauszusehen ist, daß es mit jeder Spielgruppe wieder anders herauskommt und daß dabei jedesmal recht eigentliche Theatersituationen entstehen. Das macht es spannend, auch für den Spielleiter. Man darf das Spiel unbesorgt eine gewisse Zeit (manchmal bis zu 20 Minuten) dauern lassen, es wird kaum langweilig. Ein Abbruch ist dann allerdings angezeigt, wenn einer der

Spieler sich als unkonzentriert erweist, was sich daran erkennen läßt, daß seine Reaktionen künstlich oder «ausgedacht» wirken oder daß er «aus der Rolle» fällt. Denn eine Rolle, das ist ja letztlich der Sinn dieser Übung, hat er im Verlauf des Spiels gefunden: er ist zu einer Theaterfigur geworden, eine Bühnenfigur ist geboren worden. Darüber wird mit den Spielern nach Beendigung des Spiels auch ausgiebig zu diskutieren sein.

Variante I

Während die beschriebene Grundanlage dieser Improvisationsübung sich mit ein und derselben Spielgruppe kaum wird wiederholen lassen, weil die Bewegungen und Abläufe sonst konstruiert, ausgedacht, vorsätzlich und damit konsequenterweise auch unnatürlich würden, kann man mit einer etwas geübteren Gruppe durchaus eine Variante zu dieser Übung wagen:

70

Die Spieler suchen sich – während sie sich unter dem Tuch befinden – bewußt in eine Rolle hineinzudenken, eine neue Identität zu finden und sich als «Figur» vom schwarzen Tuch zu befreien (oder: befreien zu lassen). Das Hervorkommen und der darauf folgende Spielverlauf werden nun nicht mehr von der eigenen Empfindungslage, sondern von den Verhaltensformen der «erfundenen» Figur her und von der Interaktion mit den andern bestimmt sein.

Mit diesem Spiel, das natürlich mit allen denkbaren Figuren durchgeführt werden kann und durchaus nicht auf das Personal der Commedia dell'arte beschränkt zu sein braucht, wird es möglich sein, neue Figuren und neue Verhaltensweisen zu entdecken, die direkt der Phantasie der Spieler oder dem Interaktionsprozeß entspringen und keineswegs «aufgesetzt» sind wie irgendwelche angelernten Theaterrollen.

Variante II

Die Spieler nehmen eine Maske mit, wenn sie unter das Tuch gehen, ziehen sie an, während sie unter dem Tuch sind und kommen als «Maskierte», als «Verwandelte» unter dem Tuch hervor.

Die Art dieses Hervorkommens (ängstlich, neugierig/mißtrauisch/ verschämt/verletzt usw.), vor allem aber die Art, wie sich die Figur danach verhält und wie der Interaktionsprozeß abläuft, soll vom Cha-

rakter der Figur/Maske geprägt sein.

Je nach Kenntnislage einer Gruppe kann diese Übung auch dazu dienen, den Charakter einer Commedia-Figur zu entdecken, abzutasten und zu entwickeln oder ihm neue Aspekte abzugewinnen, kann der ablaufende Interaktionsprozeß dazu dienen, die Beziehungen der Figuren zueinander zu erkennen und zu variieren.

Im Gegensatz zur Grundsituation können diese Varianten durchaus mehrfach hintereinander wiederholt werden: sie werden dabei nicht langweilig, helfen aber, die Vielfältigkeit einer Figur im Spiel zu entdecken und zu entwickeln. Den Spielern soll dabei der Charakter einer Commedia-Figur nicht vorgegeben oder diktiert werden, sie sollen ihn im Verlauf des Spiels entdecken und testen. Im Spiel und in

der nachfolgenden Diskussion entsteht nach und nach ein Typenbild der Commedia dell'arte.

2. Die Entwicklung einer Theatersprache

Während die eben beschriebene Übung zur Erfindung von Theaterfiguren und Bühnensituationen im Regelfall pantomimisch abläuft und Sprache höchstens als Nebenprodukt im Spiel entsteht (aber keinesfalls vom Spielleiter verordnet wird), soll die folgende Improvisationsübung dem sprachlichen Prozeß, genauer: der Entwicklung einer Bühnensprache, gewidmet sein.

Der Sprache kommt bei der Improvisationsarbeit, so wie sie hier ver-

standen wird, ein wesentlicher Anteil zu. Der Sprachbegriff muß dabei, wie in der Einleitung angemerkt, unter den pragmalinguistischen Aspekten der Rolle, der Situation und des Adressaten gesehen werden. Das ist, so betrachtet, zunächst eine Frage der Argumentation, des Lexikons und der Syntax oder allgemeiner: des Sprachverhaltens in der gegebenen Situation. Damit sind aber Anforderungen definiert, die in einer Improvisation auf Anhieb keinesfalls, sondern nur mit sehr viel Trainig zu realisieren sind. Zum Sprachverhalten gehören aber nicht bloß die genannten Aspekte der Argumentation, des Lexikons und der Syntax, sondern auch – und da soll der Einstieg gesucht werden – die Sprechweise: die Lautproduktion, die Artikulationsform, die Art und Weise, wie (und wann/zu welchem Zweck) der Sprechapparat benützt wird, das

Sprechtempo, die Stimmlage, die Lautstärke, nicht zuletzt auch die Atmung. Wir fragen also zunächst nicht: was sagt/will diese Figur, sondern: wie klingt ihre Sprache? Das kann zunächst außerhalb aller semantischen oder grammatikalischen Gesetzmäßigkeiten und Konventionen geschehen, es kann eine rein synthetische Sprache entstehen, die – vorerst – «unverständlich» sein darf, nichts auszusagen braucht, deren Klang (Art und Häufigkeit gewisser Laute), Tempo, Artikulationsform der Befindlichkeit einer Figur und der Spielsituation (und damit auch dem Interaktionsprozeß) entsprechen.

Im Prinzip kann fast jede der bisher insgesamt beschriebenen Übungen dazu dienen, eine solche Theatersprache zu entwickeln. Die Spieler müssen lediglich aufgefordert werden, sich nicht auf Pantomimisches zu beschränken, sondern – zu einem beliebigen Moment des Spiels – auch «Sprache» (Laute, Wortfetzen, Worte, Dadaistisches) zu produzieren, deren Klang, Lautstärke, Variation und Tempo der Figur entspricht.

Eine Reihe von Spielern sitzt, mit verschiedenen Masken, in einem weiträumigen Kreis. Sie stellen sich vor, sie seien arme Bewohner eines Dorfes in einem Lande, das von einem gefürchteten Diktator beherrscht wird. Sie sitzen da, mehr oder weniger ruhig (Untertanenhaltung) und «sprechen» über Politik, d. h. sie produzieren Laute, mit denen sie ihre Einschätzung zur politischen Lage im Lande und zu ihrer eigenen Situation zum Ausdruck bringen.

Das können Laute der Apathie sein, der Resignation, der hündischen Unterwürfigkeit, der Angst, aber auch des passiven Widerstands, des geprobten Aufstands, des ohnmächtigen Zorns, der Solidarität unter den Unterdrückten oder der offenen Rebellion.

Damit ist eine Situation gegeben, in der sich die Befindlichkeit der Figuren – als Folge der vorgegebenen Situation – weniger in Bewegung ausdrücken wird als vielmehr in Sprache. Und es ist eine Situation, die – wenn sie vom Spielleiter richtig eingeführt wird – sehr gefühlsintensiv sein kann und sich daher für diese Art von Lautproduktion, um die es hier geht, besonders gut eignet. Die einen werden in dieser Situation zunächst vielleicht zu wimmern beginnen, andere zu klagen, zu stöhnen, zu bellen, zu meckern usw.; jeder versucht, seiner Stimmung, die ein Resultat ist aus Situation (vom Spielleiter vorgegeben) und Rolle (durch die Maske determiniert) mit beliebigen Lauten Ausdruck zu verleihen. Einzige Bedingung: diese Laute dürfen nichts «bedeuten» (im herkömmlichen Sinne), dürfen also keine semantische Dimension haben. Das scheint schwierig, ist aber in Wirklichkeit eine Erleichterung.

Der Spielleiter wird darauf zu achten haben, die Spieler bei ihren Versuchen zu ermuntern: sie sollen die einmal gefundenen Laute weiterentwickeln, in Lautstärke und Tempo variieren, sie möglicherweise reduplizieren, sie auch verwenden, wenn sie mit andern in Kontakt treten, um jemanden von etwas zu überzeugen, ihn von etwas abzuhalten, um jemanden zu verhöhnen oder jemanden aufzumuntern, zu loben. Mit der Zeit wird die Lautproduktion vielfältiger, die Spieler suchen selbst nach Variationen, bringen – vielleicht ungewollt – plötzlich Wörter ein, die etwas bedeuten, finden vielleicht neue Wortbildungen, kommen langsam zu einer Theatersprache, die nicht einfach als Text vorgegeben ist, sondern den Bedürfnissen der jeweiligen Befindlichkeit entspringt und entspricht, die eine Neuschöpfung der Figuren und der Situation und damit ein Kunstprodukt ist.

Man wird dabei die Erfahrung machen, daß die Maske eher hilft als behindert. Sie schafft eine klare Rollenidentität, baut mögliche Hemmungen ab, sie reduziert in der gegebenen Situation das Individuum zum Typ und gibt daher auch den Mut zu zunächst einfachen (dann variierbaren) Lautproduktionen.

Dieses Spiel kann, falls sich eine Gruppe als motiviert (und daher auch als phantasievoll und erfindungsreich) erweist, mit einer Variante fortgesetzt werden:

Der Spielleiter erklärt, der von allen gefürchtete Diktator sei unverhofft ins Dorf gekommen und stehe nun (für die Spieler zwar unsichtbar, aber doch in fühlbarer Präsenz) im Zentrum des Kreises.

Als Folge davon entsteht eine Bewegung: man zieht sich zurück, man sucht Deckung, isoliert sich oder sucht Schutz bei den andern, organisiert mit den andern den Widerstand gegen den Diktator oder seinen Sturz (je nach Typ der Maske!). Die vorher produzierten Laute werden sich verändern, werden – je nachdem, wie sich die Situation entwickelt – zaghafter oder aggressiver, feige oder mutig, warnend oder ermunternd. Die einmal gefundene Theatersprache wird verändert und der neuen Situation angepaßt.

Mit der Zeit können womöglich auch Texte («Aussagen») eingegeben werden; man wird dabei feststellen, daß Sprache dann nicht mehr aufgesetzt, angelernt wirkt und daß die sonst üblichen «Übungen» zu Phonetik und Intonation fast von selbst überflüssig werden.

«Freie» Improvisation – Aspekte einer Bühnenfigur.

△ 3. Die Aspekte einer Bühnenfigur

Ist mit der eben beschriebenen Übung ein möglicher Sprachklang gefunden, kann auch die inhaltliche Seite der Sprache angegangen werden: die Argumentation, das Improvisieren von Texten.

Auf der Spielfläche werden zwei Stühle in einem gewissen Abstand (ca. 2 m) einander gegenübergestellt, auf jedem Stuhl liegt, stellvertretend für die entsprechende Figur, eine Maske, z. B. die des Pantalone und des Arlecchino. In einer kurzen Reflexionsphase haben die Spieler sich zu überlegen, welche Gedanken, Gefühle, Reaktionen sich bei den beiden «Figuren» (in einer vorgegebenen Situation) einstellen, wenn sie einander gegenübersitzen, d. h. sie haben sich Rechenschaft zu geben, aus welchen Elementen, Aspekten, Dimensionen («Facetten») die beiden Figuren bestehen.

Die Spieler werden nun aufgefordert, auf die Spielfläche zu gehen, sich hinter einen der beiden Stühle zu stellen und dabei eine Dimension (eine «Facette») einer der bei-

den Figuren zu «übernehmen», zu personifizieren. Ein Spieler wird nach vorne gehen, sich hinter den Stuhl mit der Arlecchino-Maske stellen und – beispielsweise – sagen: «Ich bin die Naivität des Arlecchino», ein anderer stellt sich hinter den Stuhl mit der Pantalone-Maske und sagt: «Ich bin das Mißtrauen des Pantalone», usw.

Diese Phase braucht viel Zeit und Geduld. Der Spielleiter soll möglichst wenig vorgeben, lediglich den Spielverlauf erläutern, die Initiative im übrigen aber den Spielern überlassen und sie die Elemente der Figuren selber suchen und finden lassen. Hinter jedem Stuhl sollen sich mehrere Spieler einfinden. Mit der Zeit wird eine Spielanordnung entstehen, die – das sei für die Erläuterung des Spielverlaufs angenommen – wie folgt aussehen könnte:

«Naivität»   «Mißtrauen»

«Hunger»   «Neid»

«Angst»   «Habgier»

«Verliebtheit»   «Geilheit»

Arlecchino-Maske   Pantalone-Maske

Für die Fortsetzung der Übung und damit für die eigentliche Improvisation (im Sinne einer Argumentation) sind folgende Aufgaben denkbar:

– Der Spielleiter hat die Funktion eines «Dirigenten». Er skizziert, in groben Zügen, eine Spielsituation und gibt den Spielern (die jetzt bloß «Träger» von Charakterelementen sind) den «Einsatz», sagt also beispielsweise: «Das ‹Mißtrauen› von Pantalone sagt: ...», worauf der Spieler, der Träger des Charakterelements ‹Mißtrauen› ist, spontan eine situationsbezogene Aussage machen muß. Der Spielleiter wird nun, je nach Art und Inhalt der erfolgten Aussage, den nächsten Impuls geben und sagen: «Darauf antwortet die ‹Naivität› des Arlecchino: ...», womit der Träger dieses Charakterelements aufgefordert ist, seinerseits eine Aussage zu machen. Der Spielleiter «dirigiert» so den Verlauf des Spiels und sorgt dafür, daß alle beteiligten Spieler mehrere Aussagen machen müssen, die im Nachhinein auf Situation und Charakterelement hin geprüft werden sollen.
– Der Spielleiter skizziert lediglich obige Situation. Er überläßt den Spielern im übrigen aber selbst die Initiative, d. h. jeder Spieler soll dann sprechen, wenn eine Äußerung «fällig» ist, die dem Charakterelement (oder dem Gefühl oder der Reaktion) entspricht, dessen (deren) Träger er ist. Der Spielleiter greift höchstens dann ein, wenn das Spiel ins Stocken gerät, indem er die Situation weiter konkretisiert und eventuell auch neue Handlungsaspekte einbringt, die neue Impulse geben.

So besehen ist diese Übung natürlich weitgehend ein Argumentationstraining. Um sie etwas «theatergerechter» und vitaler zu gestalten, kann der Spielleiter den Spielern Masken geben (in diesem Fall: Arlecchino- und Pantalone-Masken) und sie auffordern, hinter dem Stuhl, wo sie stehen (oder sitzen oder liegen) eine Haltung einzunehmen, die zum dargestellten Element paßt, und diese Haltung nach jeder Aussage (oder im Moment der Aussage) zu verändern.
Diese Übung erweist sich immer wieder als ziemlich anspruchsvoll (weil das situationsgerechte und typenspezifische Argumentieren einer der schwierigsten Teile einer Improvisation ist) und als sehr nützlich (weil, über das Argumentationstraining hinaus, auch die Nuancen einer Figur und die Teilaspekte ihres Verhaltens sichtbar, realisierbar und überprüfbar werden).

△ 4. Fahrgäste im Bus – die Figuren der Commedia dell'arte in moderner Umgebung

Da es Schülern zunächst vermutlich schwerfällt, bei Commedia-Improvisationen die doch bis zu einem gewissen Grade erforderliche historische Einbettung der Figuren nachzuempfinden und sich beim Spiel entsprechend zu verhalten, soll eine weitere Improvisationsübung dazu dienen, die Figuren in einen heutigen Kontext zu stellen und sie darin agieren zu lassen. Das macht die Improvisation leichter, da die Figuren näher, vertrauter sind. Gleichzeitig kann einmal mehr die Universalität und Gültigkeit der Figuren erprobt und erfahren werden.

Grundsituation
Auf der Spielfläche werden Stühle (Sitzanordnung wie in einem öffentlichen Verkehrsmittel, z. B. Bus oder Straßenbahn) aufgestellt, auf denen eine Gruppe von Schülern Platz nimmt. Jeder trägt eine Commedia-Maske, wobei die einzelnen Gestalten, je nach Größe der Gruppe, durchaus mehrfach vertreten sein können (mehrere Pantaloni, mehrere Dottori usw.). Sie stellen sich vor, sie seien Fahrgäste in einem öffentlichen Verkehrsmittel, in dem gerade eine Fahrkartenkontrolle (durch einen «Capitano») durchgeführt wird, bei der ein Fahrgast (Annahme: Arlecchino) als Schwarzfahrer ertappt wird. An diesem Punkt setzt die Improvisation ein.

Der Spielverlauf wird vom figurentypischen Verhalten der einzelnen Spieler bestimmt sein. Der ertappte Arlecchino kann unschuldig-naiv sein, schuldbewußt oder verbockt, er kann sich mit entwaffnender Liebenswürdigkeit herausreden oder sein «Vergehen» in einer Art und Weise darstellen, daß es geradezu als vorbildlich erscheint. Entsprechend wird auch das Verhalten der übrigen Figuren, d. h. der anderen «Fahrgäste» ausfallen: des scheltenden, geifernden Pantalone, der sich über die Unverschämtheit des Schwarzfahrers empört (vielleicht sitzt ein anderer Pantalone scheinbar unbeteiligt in einer Ecke, um ja nicht aufzufallen, da er – Geizhals, der er ist – auch keine Fahrkarte hat); des eloquenten Dottore, der die Gelegenheit benützen wird zu einem sehr wortreichen, sehr allgemeinen pseudophilosophischen Diskurs über die Verwilderung der Kaufmoral, die Notwendigkeit der öffentlichen Verkehrsmittel und den desolaten Zustand der heutigen Jugend; des Capitano (ob Schaffner oder Fahrgast), der «law and order» vertreten und eine exemplarische Bestrafung des Schwarzfahrers fordern wird («man muß endlich hart durchgreifen»); des schlitzohrigen Brighella, der schwankt zwischen Solidarität zu Arlecchino und der verlockenden Möglichkeit, sich bei denen «oben» einzuschmeicheln und sich selbst in ein gutes Licht zu rücken. Auch Colombina kann bei diesem Spiel dabei sein: als schlagfertige Vertreterin des «gesunden Menschenverstands», die durch ihr Reden und Handeln die übrigen Fahrgäste entwaffnet und zu Parodien ihrer selbst macht.

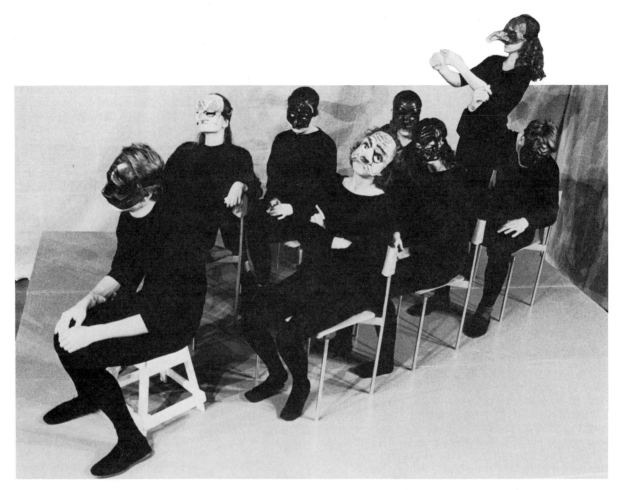

Die hier skizzierten Reaktionen sind natürlich auch bei diesem Spiel nur einige Möglichkeiten unter vielen andern.

Keinesfalls sollen sie dem Schüler als Direktiven angegeben werden. Auch hier gilt: Die Schüler sollen die Handlungsweisen im Spiel selbst entwickeln (evtl. nach vorangehender Übung zu Rollenbiographien: wer sitzt alles im Bus, warum und mit welchem Ziel fährt er/sie zu dieser Zeit und in dieser Richtung?). Nach dem Spiel werden Verlauf, Handlungsweisen und Interaktionsprozesse gemeinsam durchdiskutiert.

Um diesem Spiel eine gewisse «dramaturgische» Geschlossenheit zu geben, kann man vor Spielbeginn mit den Schülern vereinbaren, daß das Spiel so lange zu dauern habe, bis sich die Fahrgäste gemeinsam auf eine Lösung geeinigt haben: für einmal fünf gerade sein und Arlecchino mitfahren lassen? – ihn bei der nächsten Haltestelle aussteigen zu lassen? – ihm die Fahrt zu bezahlen? – ihn exemplarisch zu bestrafen und evtl. sogar der Polizei zu übergeben? – Wer setzt sich durch? Wie tut er das, mit überzeugenden Argumenten oder mit angemaßter Autorität?

Variante

Sämtliche Stühle sind von männlichen Fahrgästen (wiederum mehrere Vertreter jeder Figur) besetzt; bei der nächsten Haltestelle steigt Colombina zu und muß, da kein Platz mehr frei ist, stehen. Einige Figuren (vielleicht auch alle) stehen nun nacheinander (vielleicht auch gleichzeitig) auf und bieten Colombina ihren Platz an, laden sie ein, bzw. nötigen sie zum Sitzen.

Der Spielcharakter wird bestimmt sein von der Art, wie sie Colombina anreden (anmachend, galant, flirtend, geckenhaft, schüchtern, naiv, verklemmt, schlüpfrig usw.), von der Rivalität, die unter den «gentlemen» entsteht, von der Frage, wessen Angebot Colombina letztlich annimmt und wie die reagieren, die «leer» ausgehen.

Diese Variante, zwar weniger auf Argumentation und stärker auf Interaktion und figurentypische Gestik angelegt, liegt vielleicht näher am Stil der Commedia dell'arte als die oben beschriebene Grundsituation, weil sie ein Grundmuster der Commedia dell'arte (Konkurrenzsituation und Rivalität) in die heutige Zeit überträgt und weil sie außerdem viele Ansatzpunkte zur Komik, zur Ironie, aber auch zur «subversiven» Rolleneinschätzung (z. B. der Pantalone als «Geprellter», Arlecchino als «Sieger») anbietet.

△ 5. Commedia-Figuren als stilisierte Tiere

Die Commedia-Figuren sind, wie bereits früher angemerkt und auch an vielen historischen Abbildungen belegbar, in einem gewissen Sinne stilisierte Tierfiguren, erinnern in ihrem Verhalten, in ihrer Gangart und im Klang ihrer Stimme an einzelne Tiere: Arlecchino an einen Affen (oder an eine Katze), Brighella an einen Hund (oder ebenfalls an eine Katze), der Pantalone an einen Raben (oder an einen Adler), der Dottore an eine Ente, der Capitano an einen Hahn (oder an einen Pfau). Dieser Gedanke ist der Ausgangspunkt für das folgende Spiel:

Die Spieler sind, jeder mit einer Maske, im Raum verteilt in Ruhehaltung («Winterschlaf»). Auf ein entsprechendes Signal des Spielleiters «wachen» sie auf, beginnen im Raum umherzugehen, begegnen und «beschnuppern» sich («Artgenossen» und «Artfremde»), schätzen sich gegenseitig ein: Haltungen der Zuneigung, der Gleichgültigkeit, des Mißtrauens, der Rivalität oder der offenen Feindschaft werden sichtbar. Mit andern Signalen führt der Spielleiter weitere Situationen herbei: die Tiere müssen ihr Revier abstecken und sichern, sie beschaffen sich ihre Nahrung, fühlen sich zur Fortpflanzung gedrängt und werden Rivalen, die sich befehden (Brunstzeit, Hahnenkampf etc.)

Mit seinen Signalen (Klopfgeräusche auf Holz oder Metall, auf Tambourin oder Trommel usw., evtl. auch Signale mit andern Instrumenten) kann der Spielleiter suggestive Impulse geben: Spannung andeuten, Beschleunigungen oder Retardierungen andeuten, plötzliche Pausen entstehen und die Bewegungsabläufe zu einem Stakkato werden lassen.

Diese Übung braucht nicht auf Pantomimisches oder auf die Verwendung bloßer Tierlaute beschränkt zu bleiben. Da es ja stilisierte Tiere sind, kann durchaus auch eine Theatersprache (vgl. Übung 2 dieses Teils) dazukommen, die bis zur eigentlichen Argumentation ausgebaut werden kann.

So aufschlußreich und gewinnbringend hinsichtlich der Bewegungen, der charaktertypischen Motorik und der Lautproduktion diese Übung auch sein mag, in einem gewissen Sinne ist sie freilich etwas kontraproduktiv: sie verschleiert möglicherweise das hierarchische Grundmuster der Beziehungen in der Commedia dell'arte: die Beziehung Katze–Rabe z. B. ist nicht gleichzusetzen mit der Beziehung Arlecchino (bzw. Brighella) – Pantalone. Man wird daher gut daran tun, bei diesem Spiel keinen zoologischen Verismus aufkommen zu lassen («ein Rabe kann doch einer Katze keine Befehle erteilen»), sondern wird die Tiere dort belassen, wo sie vom Verhalten und den Bewegungsmustern her hingehören: im Reich der Fabel.

6. Das Namenspiel (Übung in Zweiergruppen)

Zwei Figuren, zum Beispiel Arlecchino und Colombina, stehen (oder sitzen) sich gegenüber, in einer Ausgangshaltung, die zu ihrer Rolle und zu ihrer wechselseitigen Beziehung paßt. Sie nennen sich gegenseitig beim Namen, wobei sie darauf achten, daß die Art, in der der Name des Gegenübers ausgesprochen wird, die gegenseitige Einschätzung (Sympathie, Mißtrauen, Neugier, Verliebtheit usw.) zum Ausdruck bringt. Sie wiederholen die Namensnennung, sie suchen Varianten im Ton (zärtlich, leidenschaftlich, enttäuscht, entrüstet), sie wechseln den Akzent («Colombína», «Colómbina», «Colombinà» usw.), sie variieren das Lautmuster («Arlecchinino», «Cocolombina» usw.). Dabei achten sie darauf, daß die Körperhaltung und die gegenseitige Stellung (Hinwendung, Abwendung) mit der jeweiligen Variante der Namensnennung im Einklang stehen.

Damit dieses Spiel nicht einfach eine «Fingerübung» für Sprech- und Stimmvarianten bleibt, kann sie zu einer Beziehungsgeschichte ausgebaut werden:

Arlecchino und Colombina sehen sich zum erstenmal, schüchtern und verlegen, nennen sich beim Namen, Neugier klingt mit, dann Zärtlichkeit, Verliebtheit, Liebe, dann Resignation (weil Pantalone, der Colombina für sich haben möchte, den beiden im Wege steht), dann vielleicht auch Eifersucht (weil Colombina dem Brighella schöne Augen macht), schließlich Freude und Begeisterung (weil Pantalone, der «padrone», den beiden erlaubt hat, zu heiraten).

Allzu rührselig oder «ernsthaft» darf die Namensnennung freilich nicht werden: eine gewisse Ironie (die nur möglich ist mit Distanz des

Spielers zum Gespielten) muß immer spürbar sein.

Wem aber diese hier skizzierte Beziehungsgeschichte trotzdem klischeehaft erscheint, kann natürlich beliebige Varianten dazu erfinden und sogar versuchen, die klassischen Beziehungsmuster der Commedia dell'arte zu durchbrechen, um sie auf ihre Gültigkeit hin zu erproben oder um sie zu verändern. Was hier am Beispiel Arlecchino–Colombina gezeigt worden ist, kann in andern Kombinationen (d. h. mit andern Beziehungsgeschichten) durchgeführt werden:

Rivalität zwischen Pantalone und dem Dottore (= Rivalität zwischen Geld und Wissen, zwischen Streitsüchtigkeit und Bonhomie);
Rivalität zwischen dem Pantalone und dem Capitano (= Rivalität zwischen finanzieller und militärischer Macht, zwischen Kleinlichkeit und Großspurigkeit);
Herr–Knecht-Verhältnis zwischen Capitano und Arlecchino (zwischen autoritärem Gehabe und anerzogener Unterwürfigkeit, aber auch zwischen hohlem Bluff und munterer Schlagfertigkeit).

Denkbar ist auch die Einbeziehung der Innamorati: das wird – bei immer gleichbleibender Spielanordnung – geradezu opernhafte Beziehungsgeschichten ergeben: Liebesschwüre, Gelöbnisse ewiger Treue, triefende Abschiedsszenen, tränenvolle Resignation (wegen der bösen Väter). Keine Angst vor Kitsch; bei den Innamorati gehört er schon ein bißchen dazu!

△ 7. Collage von Sätzen und Wörtern als Improvisationstechnik

Wir erinnern uns an eine Feststellung in der didaktischen Einleitung dieses Teils und machen sie uns für eine weitere Übung zunutze: Improvisation war für die Commedia-Schauspieler nur möglich dank einem großen Repertoire, d. h. einem Vorrat von Sätzen und Zitaten, die sie an passender Stelle einsetzten.

Den Spielern werden Commedia-Rollen (alle Figuren, jede nur einmal besetzt) zugeteilt. In einer ersten, individuellen Arbeitsphase befaßt sich jeder mit seiner Rolle, sucht und prägt sich eine Reihe von Wörtern und Sätzen ein, die zu seiner Rolle passen und die – wörtlich übernommen oder leicht variiert – aus beliebigen Quellen stammen können: Slogans aus der Werbesprache, Parolen von politischen Parteien, stehende Wendungen aus Heiratsanzeigen, Sprichwörter, literarische Zitate, geflügelte Worte von Lehrern, mathematische Formeln, Grammatikregeln oder Sätze aus der Hausordnung usw. kurz: – und das ist die einzige Bedingung – ein allen Spielern bekanntes Angebot von geläufigen Sprechformeln.
Hat sich jeder Spieler mit einem Reservoir an Sätzen ausgerüstet, beginnt das Spiel. Der Spielleiter bestimmt lediglich das szenische Arrangement (dazu kann er beispielsweise das Denkmal der Commedia dell'arte, vgl. p. 61, als Ausgangspunkt wählen), läßt aber den Schülern im übrigen freie Hand: jeder sagt, wann es ihm beliebt oder wann es gerade zur gegenwärtigen Spielsituation paßt, seinen Satz (oder mehrere seiner Sätze), wobei er mehr auf den Ton als auf den Inhalt seiner Sätze achten soll (eine stehende Wendung aus dem Wetterbericht kann wie eine Liebeserklärung gesprochen oder ein

Werbeslogan für ein bioaktives Waschmittel kann als Kriegserklärung gesagt werden.

Mit seinen Sätzen soll sich jeder behaupten, sich durchsetzen, sich aber auch zurückziehen, klein beigeben, seine Gefühle artikulieren oder auch andere Spieler überzeugen können. Sätze können auch den «Besitzer» wechseln: wenn dem Arlecchino ein vielleicht markiger Satz des Capitano gefällt, kann er ihn übernehmen und, vielleicht fragend-naiv, vielleicht spielerisch abwandeln. Und wenn dem Pantalone ein Satz der Colombina besonders wohltuend in den Ohren klingelt, kann er ihn schnatternd und sabbernd in endloser Wiederholung vor sich hersagen. Sätze können dabei völlig neue Bedeutungen bekommen und Signale für ganz andere Aussagen werden.

Diese Übung verlangt, soll sie nicht zur chaotischen Wortkeilerei werden, viel Interaktionsfähigkeit und Spieldisziplin. Sind diese Voraussetzungen aber gegeben, so wird es möglich, daß aus dieser Collage ganze Handlungssequenzen entstehen. Eine Geschichte wird machbar. Ein Spiel, das voller Überraschungen steckt.

Übungsbeispiele zur «gebundenen» Improvisation

1. Flaminio Scalas «Cavadente»

Wir geben im folgenden, als erstes Beispiel für eine «gebundene» Improvisation, eine ausführliche Beschreibung der Einleitungsszenen aus Flaminio Scalas «Cavadente», der in der historischen Einleitung bereits vorgestellt worden ist. Diese Beschreibung ist als Illustration und als Modell zu verstehen: sie ist kein Regiebuch, sie zeigt nicht den Arbeitsprozeß, sondern dessen mögliches Resultat und ist daher einerseits als Übungsstoff und Spielanregung gedacht, andererseits als Leitfaden für den Spielleiter, mit dessen Hilfe er die restlichen Teile des «Cavadente» sowie andere Canovacci szenisch umsetzen kann.

Über die bei der Improvisation zu beachtenden didaktischen Prinzipien (vgl. p. 66) hinaus seien aber vorgängig einige grundsätzliche Feststellungen in Erinnerung gerufen, welche die Umsetzung von der papierenen Vorlage des Canovaccio ins lebendige Spiel auf der Bühne erleichtern sollen:
Die Grundstruktur einer Komödie sowie jeder einzelnen Szene besteht aus den bekannten klassischen Elementen der Exposition, der Intrige und deren Auflösung. Dieses «Gerippe» wird ausgestattet mit dem «Nervensystem» und der «Muskulatur» des Spiels: mit den Übertreibungen, Übertragungen, den karikaturalen Eigenarten, die verbaler und körperlicher Natur sind, mit den Täuschungen, den falschen Erwartungen, den Mißverständnissen, Verwechslungen, Verkleidungen, Tiraden und Lazzi.

Dazu kommt die Sprache: die Figuren der Commedia dell'arte haben, als ihr Markenzeichen gleichsam, einzelne feste Sprachformeln, Schlüsselwörter gleichsam, die sie gleich bei ihrem ersten Auftritt verwenden und dann immer wieder refrainartig einsetzen, als ein Erkennungszeichen und ein Leitmotiv, mit dem sie sich ankündigen und gleichzeitig auch ihren Charakter sowie ihre soziale Position in Erinnerung rufen. Bei Arlecchino haben diese Schlüsselwörter mit «Hunger» und «Diener» zu tun, bei Brighella mit «List» und «Küche», bei Colombina mit «Haus» und «Schönheit», bei Pantalone mit «Geld» und «Padrone», beim Capitano mit «Kraft» und «Ich», beim Dottore mit «Essen» und «Gesetz». Diese Schlüsselbegriffe werden mit konkreten Vorstellungen in Verbindung gebracht, mit Mais und Maccheroni bei Arlecchino, mit Schwert und Bombarde beim Capitano, mit dem Ausdruck «diebische und mörderische Welt» bei Pantalone oder mit oft zusammenhangslosen lateinischen Zitaten beim Dottore.

Zusammen mit der Handlung schafft der Dialog den theatralischen Raum der Commedia dell'arte; dieser Dialog ist keine Fortführung der Alltagssprache, sondern eine genuine Theatersprache, die zwar Versatzstücke der Alltagssprache übernimmt und umformt, aber ebensosehr auch literarische Zitate, Sprichwörter, Höflichkeitsformen und Redewendungen sowie figurentypische Sprachklänge. Die Sprache ist in der Commedia dell'arte von fundamentaler Bedeutung, sie ist das Zentrum des Spiels, nicht dessen schmückendes und zufälliges Beiwerk. Dies ist der entscheidende Schritt, den der Schüler bei der vorbereiteten Improvisation zu vollziehen hat. Einige Spielformen der freien Improvisation (vgl. besonders die Spielanregungen Nr. 2, 3, 4 und 7) mögen ihm dabei als Vorbereitung helfen und als Einstieg dienen.
Die Sprache muß, ist sie einmal gefunden, sichtbar gemacht werden; das Wort muß Geste werden, Sprache – im engeren linguistischen Sinn – und universal verständliche

Körpersprache müssen eine Einheit werden, sich gegenseitig ergänzen. Was der Schüler in den Spielen mit Masken gelernt und an Fähigkeiten erworben hat, muß jetzt zum Tragen kommen; so wird die Verbindung von Sprache und Bewegung zum kreativen Prozeß, zum künstlerischen Moment.

Wenn das Szenario mit Exposition, Intrige und Lösung feststeht und die Sprache gefunden ist, ist die eigentliche Bühnenhandlung in ihrem Detailverlauf, ihrem Rhythmus, ihrer Dichte und ihrer Harmonie eigentlich bloß noch die logische Konsequenz der Dialoge und der verschiedenen Elemente der Körpersprache. Sie ergibt sich manchmal fast von selbst.

Wer ein Szenario wie Flaminio Scalas «Cavadente» szenisch umsetzen will, wird nicht darum herumkommen, die Vorlage immer und immer wieder zu lesen, damit er die Rahmenbedingungen genau kennt: die Hauptpunkte der Handlung, den Ort des Geschehens, das Geflecht der Intrige, die gegenseitigen Beziehungen der Personen, d. h. ihre Verwandtschaftsverhältnisse und ihre Abhängigkeiten. (Für Fremdsprachen einsetzbar, sofern man sich auf kleine Sequenzen beschränkt und eine freie Arbeitsform wählt.)

Der Vergleich mit der Textvorlage aus Flaminio Scalas Canovaccio macht deutlich, daß in der hier vorgeschlagenen szenischen Umsetzung eine ganze Reihe von jenen Elementen hinzugekommen sind, die das eigentliche Spiel der Commedia dell'arte ausmachen, und die es ermöglichen, einen Canovaccio zum lebendigen Spiel werden zu lassen. Wir möchten aber mit Nachdruck betonen, daß das hier gegebene Beispiel bloß Modellcharakter hat, daß eine solche Umsetzung niemals das Diktat des Spielleiters sein darf, sondern nach und nach in den Improvisationsproben entstehen muß. Es empfiehlt sich, die Spieler in kleine Gruppen einzuteilen mit dem Auftrag, einzelne Sequenzen (die z. T. nur aus wenigen Zeilen bestehen können) szenisch umzusetzen und mit eigenen Einfällen anzureichern. Damit dies gelingt, brauchen die Spieler neben Improvisationsfähigkeit und neben einer gut ausgebildeten Körper- und Figurensprache auch Verständnis für die stilistischen Eigenarten der Commedia dell'arte (vgl. dazu Teil V: Bühnenrealität und Bühnengrammatik der Commedia dell'arte).

In der konkreten Arbeit, in der Einfälle, Konzepte, Dialogformen, Lazzi usw. erarbeitet, erprobt, evtl. verworfen oder weiter ausgebaut werden, geht es natürlich auch darum, den Rhythmus des Spiels und die Ökonomie des szenischen Ablaufs zu entwickeln und immer wieder zu überprüfen. Die Commedia dell'arte verträgt keine «Löcher» und keine falschen «Füller».

Die Erfahrung hat gezeigt, daß Dialoge zwischen zwei Personen ohne allzugroße Schwierigkeiten zu erarbeiten sind; daher sollen solche Szenen bei der Improvisationsarbeit an den Anfang gestellt werden. Ein Gespräch zwischen drei (vgl. das «Liebesterzett») oder noch mehr Personen setzt sehr viel mehr voraus und birgt schnell die Gefahr in sich, daß das Spiel für einen Moment ins Stocken gerät, wodurch der Effekt einer ganzen Szene zerstört werden kann.

△ *Die Einleitungsszenen aus Flaminio Scalas «Cavadente»*

Textvorlage

Pantalone (Pedrolino)
sagt zu Pedrolino, daß er die Witwe Isabella liebe und daß er den Verdacht hege, sein Sohn könnte sein Rivale sein und daß er ihn deswegen zum Studium wegschicken wolle. Pedrolino, der auf der Seite von Orazio steht, tadelt den Pantalone, worauf beide zu streiten beginnen. Pantalone schlägt Pedrolino und beißt ihn in den Arm. Es wird deutlich, daß er ihn fest gebissen hat. Pantalone geht schimpfend ab und sagt noch, daß er auf eigene Faust mit Franceschina sprechen werde. Pedrolino: er werde sich für den Biß, den Pantalone ihm zugefügt habe, rächen; worauf

Mögliche szenische Umsetzung:

Eröffnung
Für die Exposition der Eingangsszene sind mehrere Möglichkeiten denkbar: Sie kann ganz dem Arlecchino übertragen werden, der an der Bühnenrampe die Vorgeschichte zusammenfaßt und die Fakten aufzählt, mit Witzen, Versprechern und Schnitzern und unter Nachahmung der einzelnen Personen. Oder sie kann vom Pantalone übernommen werden, der unter dem Fenster Isabellas steht und vor Verliebtheit seufzt, wobei jedem Seufzer Pantalones echohaft ein in der Tonlage anderer Seufzer Pedrolinos entspricht. Wie Pantalone merkt, daß Pedrolino das Echo ist, fragt er ihn nach der Ursache seines Seufzens. Pedrolino gibt zur Antwort, es sei die Erinnerung an etwas sehr Zartes. So geschehe auch ihm, gibt Pantalone zu, der dabei an seine Liebe zu Isabella denkt, während Pedrolino von irgendeiner Speise (z. B. von einem Schinken) träumt. ◆

Lazzo
In einer Art «Wechselgesang» loben beide die Vorzüge des geliebten «Objekts», Pantalone in gewählter Sprache mit poetischen Formulierungen, Pedrolino, der Diener, in einer einfachen Sprache mit eingeschobenen derben Ausdrücken. Im Inhalt aber deckt sich, was beide sagen: sie sprechen von den harmonischen Formen ihrer «Objekte», vom blassen Rosa der seidenen Haut, von der Zartheit und vom betörenden Duft. Immer ist es Pantalone, der beschreibt, und Pedrolino, der repliziert. Das Spiel steigert sich zur Emphase, bis endlich Pantalone den Namen der Geliebten ausspricht: Isabella, worauf Pedrolino in schallendes Gelächter ausbricht und seinen Herrn auf dessen fortgeschrittenes Alter aufmerksam macht. ◆

Zitate
Pantalone weist ihn daraufhin zurecht mit Sätzen wie «Liebe kennt kein Alter» – «Dem Herzen kann man nicht befehlen» – «Alte Hühner geben gute Suppen» usw. Oder Pantalone kann eingestehen, daß er zwar schon etwas reif sei, worauf Pedrolino antwortet: «So reif, daß Ihr bald vom Baum fällt.» Einwände läßt Pantalone jedoch nicht gelten, er will Isabella um jeden Preis heiraten, räumt aber ein, daß er einen Rivalen hat, den er unbedingt loswerden muß. ◆

Mißverständnis
Pedrolino wird neugierig auf diesen Rivalen und nennt die Namen einer Reihe hochgestellter Persönlichkeiten, doch Pantalone sagt, es sei zwecklos, so weit zu suchen, der Rivale habe sich in sein Haus eingenistet, schlafe unter dem gleichen Dach, esse von seinem Brot usw. Pedrolino glaubt, Pantalone habe ihn in Verdacht, und wie Pantalone droht, er werde diesen Rivalen aus seinem Haus entfernen und in eine ferne Stadt schicken, fällt ihm Pedrolino zu Füßen, beschwört ihn, es nicht zu tun, er sei ganz gewiß nicht der Rivale, er wolle Buße tun und hungern. Pantalone beruhigt ihn und sagt ihm, daß er nicht ihn gemeint habe, sondern seinen Sohn Orazio, der ebenfalls in Isabella verliebt sei. ◆

Franceschina

auftritt, die im Auftrag ihrer Herrin Orazio sucht. Sie sieht Pedrolino und er sagt ihr, welche Schmerzen er am Arm habe. Um sich für den Biß zu rächen, vereinbaren beide, gegenüber Pantalone so zu tun, als ob er scheußlichen Mundgeruch habe. Franceschina geht ins Haus, Pedrolino bleibt; worauf

Steigerung

Pedrolino ergreift die Partei von Orazio und widerlegt Pantalones Einwände mit dessen eigenen Sätzen («Dem Herzen kann man nicht befehlen» usw.) und fügt hinzu, die Alten könnten nicht mit den Jungen konkurrieren, sie sollten hübsch zu Hause bleiben, sie seien asthmatisch und rotznäsig, stünden mit einem Fuß im Grab und hätten kaum noch Zähne. Pantalone wird böse, und um zu zeigen, daß seine Zähne noch gut sind, beißt er Pedrolino in den Unterarm.◆

Lazzo

Pedrolino schreit auf, heult und winselt wie ein Hund und dreht sich um die eigene Achse, während Pantalone hämisch triumphiert, bis er plötzlich merkt, daß einer seiner Eckzähne in Pedrolinos Arm steckt. Er versucht ihn herauszuziehen und sich wieder einzusetzen.◆

Darauf droht er Pedrolino mit der Entlassung, falls er nicht sofort zu Franceschina gehe, um mit ihr ein Stelldichein zwischen Isabella und Pantalone zu arrangieren. Pedrolino wendet ein, Pantalone möge – ohne Franceschina einzuschalten – direkt zu Isabella gehen, was Pantalone mit der Begründung ablehnt, Isabella würde bei seinem Anblick vor Glück sogleich in Ohnmacht fallen. Man müsse sie vorbereiten.
Nach Pantalones Abgang leckt Pedrolino seine Wunde, verflucht seine Lage als Diener und schimpft über die Anmaßung der Herren, die zubeißen, sobald sie verliebt sind. Ganz resigniert hofft er, Pantalone habe ihn wenigstens nicht mit Tollwut angesteckt.

Tirade

Dabei bemerkt Pedrolino nicht, daß Franceschina auftritt. Sie sagt, ihre Herrin Isabella sei verliebt wie eine Katze im Mai und voller Spannung wie ein Bogen, sie gehe unruhig und unstet von Zimmer zu Zimmer und von Korridor zu Korridor (was Franceschina alles pantomimisch nachvollzieht). Sie folgert, daß es besser sei, sich nicht zu verlieben, wenn das solche Wirkungen habe, daß dabei auch die Gesundheit vor die Hunde gehe. Sie fügt hinzu, sie sei auch einmal verliebt gewesen und habe die gleichen Symptome gehabt, die Liebe habe aber bei ihr zusätzlich noch den Appetit gefördert, worauf sich ihr Geliebter schnell wieder in die Büsche geschlagen habe, da ihr Appetit nicht mit seinem Budget zu vereinbaren gewesen wäre.◆

Pedrolino bemerkt jetzt Franceschina und grüßt sie höflich, wobei er versucht, die galante Art der Herren nachzuahmen, und sie fragt, was die Gründe ihres morgendlichen Spaziergangs seien. Sie antwortet, sie sei auf dem Weg zu Orazio, in den ihre Herrin unsterblich verliebt sei. Pedrolino warnt: «Achtung, die Herren beißen, wenn sie verliebt sind!» Franceschina verlangt eine Erläuterung dieses Ausspruchs. Pedrolino sagt, er habe das am eigenen Leibe erfahren und zeigt seine Wunde. Franceschina ist entsetzt und kommentiert, die Zeiten hätten sich eben geändert, früher hätten die Hunde die Herren gebissen, jetzt würden die Hunde von den Herren gebissen. Pedrolino protestiert, er sei ein Knecht und kein Hund, doch Franceschina gibt zu bedenken, daß – abgesehen von unwichtigen Details – die Lage und die Behandlung bei Hund und Knecht die gleiche seien.
Pedrolino erzählt, wie er zu seiner Wunde gekommen ist; aber er wolle sich rächen. Er werde am nächsten Morgen den Pantalone in den großen Zeh beißen, wenn er ihn zum Schuhputzen rufe. Das sei garstig und vor allem nicht christlich, wendet Franceschina ein und fügt hinzu: «Die beste Rache ist . . .» worauf Pedrolino ergänzt: «. . . die Versöhnung!» Franceschina widerspricht und sagt, am besten wäre es, in der ganzen Stadt das

Gerücht zu verbreiten, Pantalone habe Mundgeruch. Das habe zur Folge, daß er von allen gemieden werde. Pedrolino ist begeistert; gemeinsam beschließen sie, das Vorhaben zu verwirklichen. Franceschina bittet Pedrolino, Orazio aufzusuchen; sie wolle wieder ins Haus zurück, denn sie habe Angst, ihre verliebte Herrin allzu lange allein zu lassen.

Flavio
dem Pedrolino gesteht, daß er verliebt sei, wobei er Pedrolino am Arm faßt. Pedrolino schreit. Gleiche Absprache: Pantalone habe Mundgeruch. Flavio geht ab, Pedrolino bleibt; worauf der

Flavio geht zielstrebig auf Pantalones Haus zu, stellt sich unter Flaminias Fenster und beginnt zu seufzen. Pedrolino wendet sich ans Publikum und sagt: «Vorsicht, der beißt gleich!», versteckt seine Arme hinter seinem Rücken und fragt Flavio, warum er so jämmerlich seufze. Flavio erwidert, in diesem Hause wohne nur eine Frau, wegen ihr seufze er, gewiß nicht wegen Pantalone oder wegen Orazio; seine Seufzer aber seien vergeblich, denn Flaminia erwidere seine Liebe nicht. Pedrolino sagt, die Frauen seien eben wie eine Festung, sie seien nicht im Sturm, sondern nur durch Belagerung einzunehmen. Während des ganzen Dialogs hält Pedrolino seine Arme hinterm Rücken versteckt; Flavio bemerkt es und fragt nach dem Grund. Pedrolino sagt, er habe Angst vor den Verliebten, weil sie beißen, und erzählt Flavio das Vorgefallene. Flavio gerät in Zorn; er will zu Pantalone gehen und ihn davon abbringen, weiterhin um Isabella zu werben. Pedrolino warnt ihn vor dem bissigen Pantalone und sagt, er wisse ein besseres Mittel: in der Stadt zu verbreiten, Pantalone habe übelriechenden Atem. Flavio findet diese Lösung nicht gut, aber Pedrolino überzeugt ihn schließlich, indem er ihm verspricht, er werde ihm bei der «Eroberung» Flaminias behilflich sein.

Dottore
auftritt, dem der Pantalone 25 Lire schuldet. Er faßt Pedrolino ebenfalls am Arm, dieser schreit wieder. Auch sie vereinbaren, daß Pantalones Atem stinke. Pedrolino verspricht dem Dottore, daß er seine 25 Lire haben werde. Dottore ab. Pedrolino geht Orazio suchen. Ab.

Den auftretenden Dottore begrüßt Pedrolino mit aufwendigen Bücklingen und übertriebenen Komplimenten. Der Dottore fragt nach Pantalone, aber Pedrolino behauptet, er wisse nicht, wo sein Herr sei. Der Dottore zieht einen rhetorisch aufwendigen Vergleich zum Zaubervogel Phönix, von dem jeder sage, daß es ihn gebe, von dem aber niemand wisse, wo er sei. Pedrolino fragt, warum der Dottore seinen Herrn zu sprechen wünsche; dieser sucht zuerst allerlei Ausflüchte, sagt dann aber, Pantalone schulde ihm seit langer Zeit 25 Lire und er habe es satt, ihm überallhin nachzurennen; er wolle endlich sein Geld haben. Pedrolino behauptet, er habe sehr viel Einfluß auf Pantalone und er werde ihn bestimmt dazu bringen, die 25 Lire zu bezahlen. Der Dottore verspricht ihm ein großzügiges Geschenk, falls er bei Pantalone Erfolg habe. Pedrolino will aber gar kein Geschenk, er möchte viel lieber, daß der Dottore seinen verwundeten Arm untersucht. Der Dottore schaut sich den Arm an und fragt Pedrolino, welches üble Stinktier ihn dermaßen gebissen habe. Pantalone sei es gewesen, sagt Pedrolino; der Dottore mutmaßt, Pedrolino müsse Übles getan haben, weil ihn Pantalone dermaßen bestraft habe. Aufgrund des Geruchs, der von der Wunde ausgehe, müsse man schließen, daß Pantalones Zähne in einem üblen Zustand seien. Pedrolino nimmt das Stichwort sofort auf und sagt: In der Tat, seit einiger Zeit habe Pantalone sehr starken Mundgeruch. In einem medizinischen Exkurs folgert der Dottore, die *kranken Zähne müßten sofort gezogen werden, weil andernfalls auch die gesunden befallen würden; man müsse sofort einen Zahnarzt rufen, bevor es zu spät sei. Der Dottore erinnert Pedrolino an die 25 Lire und verabschiedet sich.*

Capitano Spavento:
Seine Liebe für Isabella und seine Heldentaten; worauf

Tirade

Der Auftritt des Capitano ist großspurig: er wendet sich ans Publikum, spricht vom Getöse der Schlachtfelder und von den Mühsalen des Krieges, von seinem Körper, der übersät sei von Narben vieler Verwundungen. Eine Wunde aber könne nicht vernarben, und die habe er nicht auf dem Schlachtfeld eingefangen, sondern von den Augen Isabellas, der Fürstin seines Herzens. Die Wunde sei so tief, daß einzig die Liebe sie zu heilen vermöge. Er werde daher in Rom bleiben müssen, bis ihn die Dame seines Herzens erhöre; erst dann wieder werde er auf dem offenen Meer gegen die ganze türkische Flotte kämpfen.◆

Arlecchino,
Diener der Isabella, den Capitano nachahmt und ihn dabei lächerlich macht. Arlecchino geht ins Haus, um Isabella zu rufen. Capitano wartet.

Lazzo

Arlecchino, der die letzten Worte des Capitano gehört hat, ruft laut: «Die Türken!», worauf der Capitano «Tausend Teufel, wo?» ausruft, sich aber sogleich, zitternd vor Angst, hinter der nächsten Hausecke versteckt und zaghaft fragt: «Wo sind sie?»
Arlecchino: Wer?
Capitano: Die Türken!
Arlecchino: Welche Türken?
Capitano: Jemand hat gerufen ‹Die Türken!› – Wo sind sie?
Arlecchino: Sie sind weg!
Capitano: Bist du sicher?
Arlecchino: Absolut! Ich habe den Türken gesagt, daß der Capitano Spavento in der Gegend sei, sie haben vor Angst in die Hosen geschissen und sind weg.◆

Tirade

Der Capitano ist beruhigt und fällt in seine ursprüngliche Haltung zurück: es wundere ihn nicht, daß die Türken schon bei der bloßen Nennung seines Namens in die Flucht geschlagen worden seien, da doch normalerweise bei der Nennung seines Namens die Erde im Umkreis von zehn Meilen bebe, als ob tausend Bombardemente niedergingen. Er will eben ansetzen zum Bericht über eine seiner Heldentaten, mit den Worten: «Ich erinnere mich, daß ich eines Tages . . .» Aber Arlecchino unterbricht ihn: «. . . verliebt war in Flaminia, die Tochter des Pantalone.» Der Capitano herrscht ihn an, den Namen Flaminias nicht so laut auszusprechen; er könne sie nicht mehr lieben, sein Herz schlage, heftiger als tausend Tamboure, für die Signora Isabella.◆

Flaminia,
die von ihrem Fenster aus den Capitano gesehen hat, ihm sagt, daß sie ihn liebt, und ihn um die Erwiderung ihrer Gefühle bittet. Worauf

Isabella
aus dem Haus kommt, in der Hoffnung, Orazio zu treffen. Der Capitano gesteht ihr seine Liebe. Sie weist ihn ab, worauf er in einer eingeschobenen Szene in gleicher Weise mit Flaminia verfährt. Schließlich geht Isabella ins Haus und jagt den Capitano fort; das gleiche tut Capitano mit Flaminia und geht ebenfalls ab. Flaminia bleibt traurig zurück; worauf

Arlecchino gibt sich erstaunt und fragt «Für die Signora Isabella?» – so laut, daß sie es im Hause hören kann. Dann fragt er, ebenso laut und mit gleicher Wirkung: «Und die arme Flaminia? Was wird mit ihr geschehen?» Arlecchino dehnt das Gespräch aus und nennt die beiden Namen so laut und so oft, bis die beiden Damen aus ihren Häusern kommen, die eine (Flaminia) auf ihren Balkon, die andere auf die Straße.

Dreieckszene mit Repertoiresätzen aus Liebes- und Streitszenen

Flaminia (zum Capitano): O süßer Held, Auge meiner Augen, Herz meines Herzens!
Capitano (zu Isabella): O Führerin meines Herzens, Taube meiner Liebe!
Flaminia (zum Capitano): Idol meiner Augen, ich wußte ja, daß Ihr nicht weggehen würdet, ohne mir zärtlich Lebewohl zu sagen!
Capitano (zu Isabella): Geliebte! Bevor ich die Anker lichte, möchte ich Euern geliebten Anblick genießen.
Isabella (verächtlich): Was hör ich!
Flaminia (freudig): Was vernehme ich!
Capitano: Seit dem Tag, da ich Euch erblickte . . .
Isabella: Seit dem Tag, da ich Euch sah . . .
Capitano: Liebe ich Euch!
Flaminia: Verehre ich Euch abgöttisch!
Isabella: Verachte ich Euch!
Capitano: Meine Göttin, mein Hauch, mein Licht!
Flaminia: Mein einzig Gut, mein Leben, mein Alles!
Isabella: Ich hasse, verachte und verabscheue Euch!

Capitano: Ihr haßt mich?
Flaminia: Haß? nein, Liebe, unendliche Liebe!
Isabella: Fort, fort, weg von hier!
Capitano: Ich soll weg?
Flaminia: Nein, bleibt, ich bitte Euch!
Isabella: Nie wieder möchte ich Euch sehen.
Capitano: Ihr jagt mich also weg?
Flaminia: Beim Himmel, nein.
Isabella: Das ist keine Liebe, sondern Gier!
Capitano: Ihr täuscht Euch.
Flaminia: O Gott!
Isabella: Aus meinen Augen!
Capitano: Eine Furie mit himmlischen Augen!
Flaminia: Ein Dämon mit der Maske der Liebe!
Isabella: Fort, weg von hier!

Capitano: Ich verfluche . . .
Flaminia: Ich verabscheue . . .
Isabella: Aus meinen Augen!
Capitano: Den Tag, da ich Euch sah

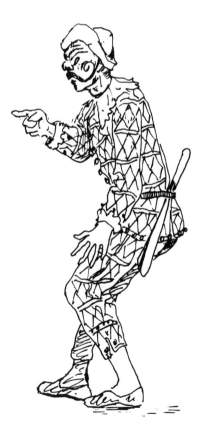

Flaminia: . . . den Tag, da ich Euch bewunderte.
Isabella: Du wagst es, noch vor mir zu stehen?
Capitano: Glaubst du vielleicht . . .
Flaminia: Denkst du vielleicht . . .
Isabella: Weg, endlich weg!
Capitano: . . . daß ich bleibe, um dich zu bewundern?
Flaminia: . . . daß ich verharre, um dich zu ersehnen?
Isabella: Es genügt, mein Herr!
Capitano: Ich kann nicht leugnen, daß du schön bist.
Flaminia: Zuviel! Ich sehe, daß du anmutig bist.

Capitano: Doch was wiegt die Schönheit . . .
Isabella: Ich kann Euch nicht mehr hören! (Ab mit Arlecchino, der die ganze Szene pantomimisch begleitet hat in der Art eines Dirigenten).
Flaminia: Doch wem fruchtet die Anmut . . .
Capitano: . . . wenn sie vom Irrtum verunstaltet wird?
Flaminia: . . . wenn sie verbunden ist mit Betrug?
Capitano: Ich habe mir nicht denken können . . .
Flaminia: Ich habe mir nicht vorstellen können . . .
Capitano: . . . daß der Himmel zur Hölle werden kann.
Flaminia: . . . daß Cupido ein Teufel sein kann. Weg! Aus meinen Augen! Fort aus meinem Angesicht!◆

Pedrolino
der versteckt war und alles mitgehört hat, Flaminia androht, alles dem Pantalone zu hinterbringen, wenn sie nicht mitmache beim Spiel mit dem stinkenden Atem. Flaminia ins Haus. Pedrolino: daß er schlimme Schmerzen habe, obwohl er sich habe behandeln lassen, und daß er sich um jeden Preis rächen wolle. Worauf

Der Capitano geht schnell ab und stößt dabei mit Pedrolino zusammen, der den letzten Teil des «Liebesterzetts» mitangehört hat. Da der Capitano Pedrolino am Arm faßt, schreit dieser laut auf.
Capitano: Geh doch zur Hölle!
Pedrolino: Nach Euch, mein Herr!
Dann wendet sich Pedrolino an Flaminia, die noch weinend auf ihrem Balkon steht, und droht ihr, er werde dem Pantalone alles erzählen, was er eben gehört hat. Sie beschwört ihn, es ja nicht zu tun, da sie den Zorn ihres Vaters fürchtet. Pedrolino schlägt ihr einen Pakt vor: Er werde schweigen, aber sie soll mithelfen, dem Pantalone einen Streich zu spielen, und in der Stadt erzählen, der Alte habe Mundgeruch. Flaminia will zuerst nicht, willigt aber unter dem Druck Pedrolinos schließlich ein und geht ins Haus.

Arlecchino
kommt. Mit Geld bringt ihn Pedrolino dazu, sich als Zahnarzt zu verkleiden und schickt ihn weg, damit er sich verkleide. Arlecchino ab. Pedrolino bleibt. (. . . . .)

Pedrolino, allein, zweifelt an der Möglichkeit, seine Rachepläne zu verwirklichen. Er müßte einen Dummkopf finden, den er überreden könnte, sich als Zahnarzt zu verkleiden. In diesem Moment tritt Arlecchino auf. Pedrolino begreift, daß dieser sein Mann ist. Er lobt ihn für die Art, wie er vorhin das Liebesterzett dirigiert habe. Das sei großartig gewesen; er sei in der Tat ein großer Künstler.

pantomimisches Spiel
Arlecchino ist geschmeichelt und sagt, er habe die Fähigkeit, alles und jeden nachzuahmen, beispielsweise einen Polizisten (tut es) oder einen Galan (tut es) oder eine Schwangere (tut es). Pedrolino kommentiert Arlecchinos Präsentationen mit Worten wie «großartig» – «prachtvoll» – «unübertrefflich» – «Aber ich bin überzeugt, einen Zahnarzt kannst du nicht imitieren!» Arlecchino sagt, das sei das Einfachste der Welt. Er nimmt die Haltung eines Arztes ein, tut ein paar Schritte und ruft: «Aufgepaßt Leute, wer hat schlechte Zähne?» Pedrolino sagt, er habe noch nie einen zahnärztlicheren Zahnarzt gesehen, und Arlecchino könnte sich wohl zwei Lire verdienen, wenn er den Pantalone aufsuchen würde, der wahre Höllenqualen leide und dem man vier Zähne ziehen müsse, weil sie einen unerträglichen Gestank verbreiteten.

Arlecchino fürchtet, Pantalone könnte ihn erkennen, doch Pedrolino beruhigt ihn: wenn er Zahnarztkleidung trage, sich einen falschen Bart aufklebe und mit einem fremdländischen Akzent spreche, werde Pantalone gewiß nichts merken. Arlecchino willigt ein, will aber zuerst seinen Lohn. Pedrolino gibt ihm eine Lira (oder eine Wurst) als Anzahlung und sagt ihm, die andere Lira (oder die andere Wurst) werde er nach getaner Arbeit bekommen.◆

(. . . . .)

△ 2. Materialien

Es würde den Rahmen dieser Darstellung sprengen und ihre Intention verfälschen, wenn wir hier noch weitere Szenarien abdrucken und deren szenische Umsetzung als fertige Spielvorlagen anbieten würden.

Wir geben statt dessen, als Rohmaterial gleichsam, einige Quellentexte: Vier «Argomenti», d. h. knappe Zusammenfassungen (gelegentlich auch bloß Rahmen- bzw. Vorgeschichten) von Stückinhalten aus Flaminio Scalas «Teatro delle favole rappresentative». Der Spielleiter kann sie als Arbeitsgrundlage und Spielanregung benützen.

Es ist bei diesen «Argomenti», die bloß Story sind, freilich unerläßlich, daß sie zunächst entwirrt und zu einem eigentlichen Canovaccio ausgebaut werden, der dann als Grundlage für die Improvisationsarbeit dienen kann.

Dieser Arbeitsschritt setzt Phantasie, szenisches Vorstellungsvermögen und eine genaue Kenntnis des Personals und der dramaturgischen Eigenarten, der Mechanik des Komischen, voraus. Die spärlichen Angaben der einzelnen «Argomenti» müssen zu szenischen Abläufen ausgebaut werden, die gelegentlich bloß im Personenverzeichnis erwähnten Personen müssen ihre dramaturgische Funktion bekommen.

Der eifersüchtige Alte
(Scala, Giornata VI)

In Venedig wohnte einst Pantalone de' Bisognosi, ein alter Kaufmann, der die wunderschöne junge Isabella zur Frau hatte. Der schöne Jüngling Orazio Cortesi, ebenfalls aus Venedig, reich und von guten Sitten, liebte eben diese Isabella und brannte darauf, sie zu besitzen.

Zu seinem eigenen Unglück war Pantalone eifersüchtig. Um seine Gattin den Blicken ihrer Verehrer zu entziehen und um sich selbst Ruhe und Sicherheit zu verschaffen, brachte er Isabella in ein Landhaus in der Nähe von Venedig, das er sein eigen nannte. Doch der verliebte Jüngling folgte ihr, und sie schenkte ihm ihre Zuneigung und Liebe. Das Vergnügen der beiden war um so größer, als ihre Liebe trotz der strengen Aufsicht des Gatten vollzogen werden konnte.

Es geschah dann eines Tages, daß Orazio dem Pantalone in witzig-verschlüsselter Form erzählte, was er mit Isabella alles erlebt hatte, worauf der Alte seine Liebesunfähigkeit eingestand, seine Eifersucht bereute und Isabella dem schönen Orazio zur Frau gab.

Personen:
Pantalone, Isabella, Pedrolino (Diener), Graziano (Freund des Hauses), Capitano Spavento, Orazio, Flavio, Burattino, Pasquella (Burattinons Frau), Olivetta (Burattinos Tochter), Cavicchio, Flaminia (Isabellas Schwester).

Die Totgeglaubte
(Scala, Giornata VII)

Der alte Pantalone, Edelmann aus Bologna und von hoher Herkunft und vorzüglichen Sitten, hatte eine Tochter, Flaminia mit Namen, die er mit einem hochgeachteten Jüngling verheiraten wollte. Doch Pantalone änderte seine Absicht: er nahm sich vor, seine Tochter einem seiner Freunde zur Frau zu geben, mit dem er in guten geschäftlichen Verbindungen stand.

Die Tochter aber liebte einen andern Jüngling, Orazio geheißen, der ihr an Rang und Reichtum ebenbürtig war und der Flaminia seinerseits zur Frau begehrte. Da er sah, daß einzig Flaminias Vater der Verbindung im Wege stand, verabredete er mit seiner Geliebten, ihr ein Schlafmittel zu geben, damit sie für tot gehalten und beerdigt würde.

Personen:
Pantalone, Laura (Pantalones Frau), Flaminia (Pantalones Tochter), Arlecchino, Dottor Graziano, Isabella und Orazio (Kinder Grazianos), Pedrolino, Capitano Spavento.

Flavios Pech
(Scala, Giornata XXXV)

In Rom lebte eine hübsche Witwe, Isabella geheißen, die aus vornehmer Familie stammte und die, während sie ihrer Trauer gemäß zurückgezogen lebte, von vielen Liebhabern geliebt und begehrt wurde. Mit der Zeit gab Isabella ihre Zurückhaltung auf und verliebte sich in den vornehmen Jüngling Flavio, Sohn des venezianischen Edelmanns Pantalone de' Bisognosi. Doch eine Intrige ihrer Dienerin hatte zur Folge, daß sich Isabella mit Flavio überwarf. Ihre Verachtung war so groß, daß Flavio seine Liebe beinahe einer andern Frau zugewandt hätte. Isabella hörte davon, und mit einem geschickten Spiel sorgte sie dafür, daß Flavio sie wieder liebte, und sie nahm ihn zum Mann.

Personen:
Pantalone, Flavio (sein Sohn), Pedrolino, Isabella, Franceschina (Dienerin), Orazio (Edelmann), Burattino, Capitano Spavento, Arlecchino.

Die Jagd
(Scala, Giornata XXXVII)

In Perugia lebten einst vier Familienväter: Pantalone de'Bisognosi, Graziano Forbisone, Burattino Canaglia und Claudione Francese. Pantalone und Burattino hatten je eine Tochter, Isabella und Flaminia geheißen; Graziano und Claudione hatten ihrerseits je einen Sohn, Flavio und

Orazio mit Namen. So geschah es, daß sich die Söhne von Graziano und Claudione in die Töchter von Pantalone und Burattino (die aber mit den beiden Töchtern andere Pläne hatten) verliebten. Als Ärzte verkleidet, verschafften Orazio und Flavio sich Zugang zu den Häusern der jungen Damen und heirateten sie schließlich, und zwar zur großen Zufriedenheit ihrer Väter.

Personen:
Pantalone, Isabelle (Tochter), Pedrolino (Diener), Burattino, Flaminia (Tochter), Franceschina (Dienerin), Graziano (Dottore), Flavio (dessen Sohn), Arlecchino
Cladione Francese, Orazio (Sohn)
Capitano Spavento

△
3. Improvisationen auf der Basis literarischer Vorlagen

Die folgenden Spielanregungen sind als Paradigmen zu verstehen. Wir zeigen an zwei ausgewählten Beispielen, wie man literarische Vorlagen (Bühnentexte, Novellen) als Ausgangspunkt für die Improvisationsarbeit benützen kann und was man dabei beachten muß. Wir verzichten bewußt auf andere Beispiele, in der Meinung, es müsse dem Spielleiter überlassen sein, mit seinen literarischen Kenntnissen Texte auszuwählen, die dem Können und dem Bedürfnis seiner Spielgruppe angemessen sind.

Improvisationen mit szenischen Texten
Eine Improvisation ist auch auf der Basis eines ausformulierten Komödientextes möglich, den man mit den Spielern liest und anschließend in freier Form (d. h. «a soggetto», vgl. p. 9) nachspielt, wobei Abweichungen (d. h. Weglassungen, Hinzufügungen, Veränderungen) von der Vorlage nicht nur erlaubt, son-

dern erwünscht sind und für die Improvisationsarbeit produktiv gemacht werden können. Abweichungen dürfen nicht als Unvermögen der Spieler gedeutet, bzw. als Verrat an der Textvorlage angesehen werden; Abweichungen sind das Produkt von Einfällen, die sich aus der szenischen Arbeit ergeben, in der die Phantasie der Spieler angeregt wird. Der Spielleiter muß dann allerdings intervenieren, wenn diese Abweichungen die «innere Wahrheit» des Textes verletzen oder gegen den Stil der Commedia dell'arte verstoßen. Am besten eignen sich natürlich Textvorlagen, die der Commedia dell'arte nahe verwandt sind, d. h. Texte von Molière, Marivaux oder Goldoni. Wir wählen als Beispiel für das Vorgehen zwei Ausschnitte aus Goldonis «Der Lügner» (1).

1. Akt/5. Szene
Arlecchino hat als Diener Lelios (der in vielem dem Capitano verwandt ist) eben miterlebt, wie sein Herr einer Dame den Hof gemacht und dabei die unwahrscheinlichsten Dinge erfunden hat, um sich in ein gutes Licht zu rücken. Gleich darauf sieht Arlecchino Colombina, ist von ihrem Anblick angetan und macht ihr in der Art Lelios den Hof, was aber kläglich mißlingt, weil seine Erfindungen übertrieben und tölpelhaft sind.

Die Szene ist aus zwei Gründen reizvoll für eine Improvisation. Zum einen erlaubt sie eine differenzierte Betrachtung Arlecchinos, der in dieser Passage eine Rolle spielen will (indem er Lelio imitiert), aber an seiner eigenen Ungeschicklichkeit (die Bestandteil seines Charakters ist) scheitert. Zum andern läßt sich in der Improvisation genau der Punkt ermitteln, an dem Colombina, die dem Arlecchino zunächst glaubt, die Lüge durchschaut, obwohl ihr Arlecchino sympathisch ist.

2. Akt/12. Szene
Pantalone möchte, den damaligen Sitten entsprechend, seinen Sohn Lelio standesgemäß verheiraten.

Lelio wehrt sich dagegen, und um den Vater von seinen Plänen abzubringen, behauptet er, er sei bereits verheiratet, habe dies aber seinem Vater bisher aus Angst und Scham verschwiegen. In einer bravourösen Passage erfindet Lelio auf die bohrenden Fragen Pantalones fortlaufend Details zur Geschichte seiner Heirat, verstrickt sich dabei in Widersprüche, kann sich aber immer wieder elegant herausreden.

Der Umgang mit dieser Szene erlaubt den Einblick in eine ganz bestimmte Verfahrenstechnik der Improvisation, die schon die Schauspieler der Commedia dell'arte benützt haben: die der Aufgabenteilung zwischen den beiden Partnern einer Szene. Der eine (in diesem Fall Pantalone) ist eigentlich bloß der Stichwortlieferant und somit so etwas wie der Steigbügelhalter für die Improvisation. Mit seinen oft suggestiven Fragen liefert er einerseits seinem Partner (Lelio) den Anreiz und die Basis für die Improvisation und schafft ihm die nötigen Freiräume dazu und sorgt andererseits dafür, daß die Szene nicht ausfasert und daß die Leitlinie des Ablaufs eingehalten wird; er muß bei seinen Fragen stets das Ende der Szene im Visier haben.
Man kann bei der Improvisation der Szene auch so verfahren, daß man mit den Spielern bloß den ersten Teil des Textes liest (bis zu der Stelle, an der Lelio seinem Vater gesteht, daß er bereits verheiratet sei). Der Rest der Szene wird dem Improvisationsvermögen überlassen. Die beiden Spieler sprechen zuvor, im Sinne der eben geschilderten Verfahrenstechnik den Ausgang der Szene sowie evtl. einige Merkpunkte ab und beginnen dann mit der Improvisation.

---

(1) Carlo Goldoni, Der Lügner, Stuttgart (Reclam) 1965

Improvisation auf der Basis einer Prosavorlage

Wie schon in der didaktischen Einleitung zu diesem Teil vermerkt, sind mittelalterliche Novellen und Schwankerzählungen, allen voran aber Boccaccios «Decamerone» ideale Vorlagen für das Vorhaben, eine Prosavorlage zu einem Canovaccio umzubauen, auf dessen Basis im Stil der Commedia dell'arte Improvisationsübungen durchgeführt werden können.

Die folgende Spielanregung ist weniger eine Improvisationsübung als vielmehr eine Vorstufe dazu; sie zeigt den möglichen Weg von einer Prosavorlage zum Canovaccio. Das weitere Vorgehen ist das gleiche wie in Übung 1 dieses Teils. Daran kann sich der Spielleiter orientieren.

Nur nebenbei sei bemerkt, daß das hier vorgeschlagene Vorgehen nicht auf den theaterpädagogischen Bereich beschränkt bleiben muß. Es ist durchaus möglich, daß eine solche Umbauübung auch einmal im Literaturunterricht durchgeführt werden kann. Literatur ist ja nicht bloß zum Lesen und zum Diskutieren da, man kann sie auch produktiv machen. Dazu ist der hier vorgeschlagene spielerische Umgang eine denkbare Möglichkeit, die – als Nebenprodukt – in der Phase der Bearbeitung auch eine Auseinandersetzung mit gattungstheoretischen Fragen mit sich bringt.

Es würde zu weit führen, Boccaccios Novelle von der «Madonna Isabella», die wir hier als Beispiel vorstellen, im vollen Umfang abzudrucken. Wir beschränken uns auf eine knappe Zusammenfassung (1):

♦♦♦ Madonna Isabella ist mit einem angesehenen Kavalier verheiratet, der in geschäftlichen Angelegenheiten für einige Tage verreisen muß. Während seiner Abwesenheit lädt Isabella ihren Liebhaber Lionetto heimlich zu sich ins Haus, um mit ihm ein paar angenehme Tage zu verbringen. Doch der feurige Lambertuccio, ebenfalls ein stattlicher Kavalier und ein stürmischer Verehrer Isabellas, erfährt von der Abwesenheit des Hausherrn, kommt ins Haus und bedrängt die Dame des Hauses. Isabella versteckt Lionetto hinter den Vorhängen und empfängt Lambertuccio. Kurz darauf meldet Isabellas Dienerin, der Hausherr sei früher zurückgekommen als erwartet, was Isabella, die gleich zwei Liebhaber bei sich hat, in Bedrängnis bringt. Doch sie handelt rasch: sie bittet Lambertuccio, das Schwert in die Hand zu nehmen, so zu tun, als ob er jemanden verfolgte und mit den Worten: ‹Wo ist der Kerl? Ich werde ihn umbringen!› das Haus zu verlassen. Lambertuccio tut, wie ihm befohlen, rennt an dem eben angekommenen Hausherrn vorbei und sucht das Weite. Isabella erzählt ihrem erstaunten Gemahl, ein junger, ihr unbekannter Mann habe sich auf der Flucht vor dem zornigen Lambertuccio in höchster Not in ihr Haus geflüchtet und dort Zuflucht gesucht, sie wisse selbst nicht warum. Der gutgläubige Hausherr ruft den jungen Mann aus seinem Versteck hervor, beruhigt ihn und bedankt sich bei Isabella für ihre selbstlose Hilfsbereitschaft. ♦

Für die Umformung dieser Novelle zu einem canovaccio stellen sich zwei Aufgaben:

– Das Personal der Vorlage mit dem Personal der Commedia dell'arte in Übereinstimmung bringen. Das bietet sich in diesem Beispiel (aber auch in vielen andern Novellen Boccaccios) geradezu an: im Hausherrn ist der Pantalone vorgezeichnet, Isabella und Lionetto sind die Innamorati, Lambertuccio ist der Typ des Capitano, die Dienerin ist Colombina. Und problemlos wird man auch noch die beiden Zanni (Brighella als Diener des Pantalone und Verehrer der Colombina; Arlecchino als Diener des Capitano und Rivale des Brighella) hinzuerfinden und ihnen überdies eine dramaturgische Steuerungsfunktion zuweisen können.

– Die Aktzeit der Novelle, die sich über einige Tage erstreckt, auf den erforderlichen Zeitraum einer in sich geschlossenen dramaturgischen Einheit reduzieren, d. h. das Bauprinzip der Novelle durch das Bauprinzip des Dramas ersetzen.

Die Umformung dieser Novelle kann dann wie folgt aussehen:

1. Szene:
Pantalone verabschiedet sich von Isabella und gibt Anweisungen, wie das Haus in seiner Abwesenheit zu verwalten sei. Kaum ist der Hausherr weg, fragt Isabella ihre Dienerin Colombina ungeduldig nach dem Verbleib ihres Geliebten Lionetto.

2. Szene:
Der schüchterne Lionetto kommt, wird erst von Brighella (unterwürfig), dann von Colombina (ironisch-kokett) und schließlich von Isabella (stürmisch) begrüßt. Während sich Isabella und Lionetto zurückziehen, beklagt Colombina in einer Tirade ihr Schicksal: neben der vielen Arbeit das Liebesleben ihrer Herrin managen zu müssen und dabei keine Zeit mehr zu haben, sich um ihren eigenen Liebhaber (welchen eigentlich: Brighella oder Arlecchino?) zu kümmern. Sie wird unterbrochen von

3. Szene:
Lambertuccio, der in Begleitung Arlecchinos ins Haus kommt, von seinen jüngsten Heldentaten und von seiner unwiderstehlichen Liebenswürdigkeit erzählt und Isabella augenblicklich zu sehen begehrt. Er geht in Isabellas Zimmer. Während sich Arlecchino und Colombina auf der Bühne unterhalten und dabei von Brighella gestört werden, hört man hinter der Bühne Bruchstücke vom Stelldichein zwischen Isabella und Lambertuccio (Parallelhandlung).

(1) Giovanni Boccaccio, Der Dekameron, Zürich (Manesse) 1957

4. Szene:

Colombina sieht den Pantalone zurückkommen, versteckt ihre beiden Verehrer, schlägt Alarm und warnt ihre Herrin, die dem Lambertuccio hinter der Bühne Anweisungen erteilt.

5. Szene:

Lambertuccio stürzt, das Schwert in der Hand, in einem großmauligen Auftritt über die Bühne und überrumpelt den konsternierten Pantalone.

6. Szene:

Isabella klärt Pantalone auf. Dieser ruft Lionetto, tröstet ihn, bedankt sich bei Isabella für ihre großherzige Hilfe und rühmt ihre Tugendhaftigkeit. Nachdem Isabella, Pantalone und Lionetto weggegangen sind, kommen Arlecchino und Brighella aus ihrem Versteck hervor, und Colombina löst ihrerseits das Problem der verschiedenen Liebhaber (wie: das sei der Gruppe überlassen).

Der eine oder andere Spielleiter wird bei der Vorstellung, eine Boccaccio-Novelle im Stil der Commedia dell'arte zu dramatisieren, angesichts des erotischen Gehalts seine Bedenken haben. Das scheint uns gegenstandslos, da es ja nicht um das Ausspielen oder die Verherrlichung der Freizügigkeit geht, sondern um die Ironisierung von bestimmten Verhaltensmustern. Diese Dimension wird durch die Einführung der Trias Colombina/Arlecchino/Brighella, die das Geschehen aus der «Froschperspektive» erleben und gleichzeitig im Wesentlichen steuern, noch verstärkt.

TEIL V

Bühnenrealität und Bühnengrammatik

Die Bühnengrammatik umfaßt die gesamte Bühnenrealität. – Eine didaktische Einführung

Die szenische Realität der Commedia dell'arte ist nie bloße Abbildung, Nachahmung der erfahrenen Welt, der Alltagsrealität. Sie geht zwar von einer vom Schauspieler wie vom Zuschauer in gleichem Maße erfahrenen oder auch erlittenen und reflektierten Realität aus, greift diese auf, verwandelt sie aber, spiegelt und bricht sie, gestaltet sie neu, läßt sie zum Modellfall werden. Dabei läßt sie sich leiten, einerseits von der sozialen Erfahrung und der damit verbundenen Intention (z. B. diese Realität zu kritisieren), andererseits vom ästhetischen Gestaltungsprinzip (z. B. der Komik oder der Satire), und, zum dritten, von den äußeren Spielbedingungen (Schauspieler, Gegebenheiten der Bühne, Spielort, Publikum). Diese drei Kräfte wirken gleichzeitig, greifen ineinander und schaffen miteinander eine Bühnenrealität, eine Welt mit einem eigenen Realitätsbegriff, mit eigenen Gesetzmäßigkeiten, mit einem eigenen «Stil». Dieser einfache und allgemein bekannte Grundsatz gilt für die Commedia dell'arte, bei der ja die traditionellen Bereiche «Text» und «Inszenierung» nicht voneinander zu trennen sind und die im Verlaufe ihrer Geschichte eine ganz bestimmte Ästhetik und – als Konsequenz daraus – eine ganz spezifische Spielform entwickelt hat, in ganz besonderem Maße.

Für die so verstandenen Gesetzmäßigkeiten der szenischen Realität wird hier der Begriff *Bühnengrammatik* verwendet. Er scheint uns präziser und praktikabler als die Begriffe «Stil» oder «Ästhetik», die sich in diesem Zusammenhang ebenfalls anbieten. Bühnengrammatik steht zusammenfassend für alles, was mit der Welt der Bühne gemeint ist: für die Paradigmatik der Handlungsabläufe und der ihnen zugrunde liegenden Strukturen, für die Art und Weise, wie die Realität widergespiegelt und abgewandelt wird, für die Gestaltung des Bühnenraums, für die Darstellungsweise, für das szenische Arrangement, für den Rhythmus des Spiels. Bühnengrammatik meint Gestaltungsweise, Gestaltungs«sprache», meint den Stil, die Zeichensprache, bis hin zu den konkreten Konsequenzen im Spiel.

Der Begriff Bühnengrammatik meint aber nichts Starres, das vorgegebenen Regeln zu gehorchen hat und feste Abläufe und Handlungsmuster diktiert. Daß hier ein zunächst vielleicht irritierender Regelbegriff herangezogen wird, hat vielmehr damit zu tun, daß eine Bühnenrealität nicht nur Verwandlung, nicht nur autonome Gestaltung nach eigenen Prinzipien ist, sondern auch eine Form von Reduktion, Konzentration und Abstraktion, daß sie – hinsichtlich Zeit und Raum – immanenten Formeln und Mechanismen zu gehorchen hat, Formeln, die theaterbedingt sind und die insgesamt ein eigenes System bilden, daß sie eine ihr gemäße Architektur hat, «durchkomponiert» ist: Ritual.

Mit der Definition des Begriffs der Bühnengrammatik ist, was den didaktischen Anspruch dieses Buchs betrifft, auch der dritte Lernbereich (neben dem Spielen mit Masken und neben der Improvisation) umrissen. Wer sich mit Commedia dell'arte befaßt, wird nicht umhin können, sich auch mit der Bühnengrammatik auseinanderzusetzen: sie soll aber nicht als Regelsystem gelernt werden; ein Trugschluß, zu dem der Begriff der Grammatik vielleicht verleiten könnte; sie muß generativ eingesetzt werden.

Bühnengrammatik: das hat, unter anderem, damit zu tun, daß das Spiel der Commedia dell'arte stets eine Art Paradigma ist: die auf wesentliches konzentrierte Form von Handlungsmodellen, die – ohne Klischee zu sein und ohne neutralisiert zu werden – universale Gültigkeit haben, repräsentativ sind.

Das hat aber außerdem zu tun mit der rituellen Theaterform der Commedia dell'arte: die Mikroeinheiten der Szenenverläufe, das Repertoire der Lazzi und der Tiraden, die Topographie der Bühne: das alles läuft nach einem an sich bekannten Muster ab; das Wechselnde, Unterhaltsame steckt in der neuartigen Kombination an sich vertrauter Elemente, steckt im überraschenden Detail.

Das hat aber auch damit zu tun, daß die Commedia dell'arte an sich «armes» Theater ist: die Sparsamkeit der Mittel, der weitgehende Verzicht auf Bühnenbild und Dekoration, das beschränkte Arsenal von Requisiten, nicht zuletzt aber auch die Typenhaftigkeit der Masken – das liegt natürlich in der ökonomischen Realität der historischen Commedia dell'arte begründet, hat aber eine ästhetische Konsequenz: es verlangt eine präzisere und stärker formalisierte Bühnengrammatik. Und das hat nicht zuletzt auch zu tun mit der spezifischen, der ritualisierten Form der Komik in der Commedia dell'arte: das Lachen in der Commedia dell'arte ergibt sich – hinsichtlich der Handlungsabläufe, des Verhaltens der Figuren und der Situationen – weniger aus dem Überraschenden als vielmehr aus dem Erwarteten. Komik findet statt innerhalb der Lösungsgewißheit, die der Zuschauer den Inhalten der Commedia dell'arte gegenüber hat, sie steuert die Gefühlszuweisungen, regelt Antipathie und Sympathie (man lacht über Pantalone, man lacht mit Arlecchino) und ist mithin auch Bestandteil der «subversiven» Ästhetik der Commedia dell'arte.

Ritualisierte Bewegungs-abläufe als Basis der Bühnen-grammatik: Luisella Sala als Colombina und Alessandro Marchetti als Arlecchino.

Zur eigentlichen Bühnengrammatik gehört aber auch die Behandlung der Zeit und des Raums. Der Zeit: der Rhythmus einer Szene, das Tempo eines Dialogs, die Länge und Funktion von Pausen, die Beschleunigungen und Retardierungen. Und des Raums: das Koordinationssystem des szenischen Arrangements (das Spannungselement ist und die «scala sociale» der Commedia dell'arte umsetzt), die Bedeutung der Mittelachse für die Symmetrie des Spiels, die Auftritte und die Abgänge.

Schüler haben erfahrungsgemäß Mühe mit dieser Bühnengrammatik. Sie haben einen ausgesprochenen Realitätssinn, wollen Szenen möglichst wirklichkeitsgetreu und unter Beachtung psychologischer Hintergründe und Varianten spielen, wollen möglichst viele Requisiten, ein originalgetreues Bühnenbild, realistisches (d. h. die Wirklichkeit genau abbildendes) Verhalten der einzelnen Gestalten und der Szenenabläufe, zeigen wenig Sinn und eine relativ große Verunsicherung angesichts der stilisierten, ironischen und ritualisierten Darstellungsweise der Commedia dell'arte.

Doch der Lernprozeß ist wichtig: die Schüler lernen – in einer andern Form und mit einer andern Zielsetzung, als dies sonst von ihnen verlangt wird – Abstraktion, Reduktion auf das Wesentliche, lernen die Bedeutung und die Zeichenhaftigkeit von Dingen und Gesten, lernen die Eigengesetzlichkeit von Spielabläufen, die Sparsamkeit der «äußeren» Gestaltungsmittel, die Ritualisierung von Bewegungssequenzen. Das ist im wesentlichen ein kreativer Prozeß. Der Stil, die Grammatik muß gefunden, gemeinsam weiterentwickelt und konsequent (d. h. stückgerecht, bühnengerecht und zuschauerorientiert) umgesetzt werden. Das schult nicht nur die Ausdrucksfähigkeit, sondern auch das Vorstellungsvermögen, die Phantasie, das Stilempfinden, das verlangt die gemeinsame Entwicklung einer eigenen, in sich stimmigen Ästhetik.

Das ist aber auch eine Einübung ins Komische: zu lernen, worin das Komische besteht, zu erfahren, worin die Unterschiede zwischen dem Komischen und dem plumpen Gag, zwischen dem Komischen und dem Derben, Vulgären, zwischen Ironie und falscher Parodie bestehen. Zu erkennen, wieviel eine Szene verträgt und zu erfahren, wo sie plump und bloß auf billigen Applaus eines für dumm gehaltenen Publikums aus ist. Zu erkennen aber auch, wie und in welchem Maß/mit welcher Wirkung Komik ein Mittel der Sozialkritik sein kann, wie aus dem Umgang mit der Commedia dell'arte so etwas wie eine «subversive» Ästhetik entstehen kann. Die nebenstehend angedeutete Problematik des Begriffs der «subversiven» Ästhetik soll mit den Schülern nach Möglichkeit im Spiel und in der Diskussion thematisiert werden, weil die Komik sonst eine Einübung in ritualisierte Widerspruchspraktiken innerhalb eines akzeptierten hierarchischen Systems wird: Narrenfreiheit auf Zeit, nach der Vorstellung sind die Herren wieder Herren, die Diener wieder Diener.

Der Lernprozeß hat aber, in letzter Konsequenz, vor allem zu tun mit der Handhabung von Zeit und Raum: den Rhythmus einer Szene finden, das richtige Sprechtempo, den stilgerechten Wechsel von Rede und Gegenrede; das richtige Empfinden für die Dimensionen eines Raums, für seine «geometrischen» Gesetzmäßigkeiten, für ein szenisches Arrangement.

«Bühnengrammatik» ist aber keine Alternative zur Realität: sie ist verwandelte, reduzierte, ritualisierte, durchkomponierte und damit neugestaltete Realität. Das geht nicht ohne Realitätssinn, ohne Realitätserfahrung. Schüler müssen, wollen sie sich sinnvoll mit der Commedia dell'arte auseinandersetzen, Realität beobachten, erkennen, reflektieren. Nur so kann sie «verwandelt» und nach den Gesetzmäßigkeiten der Commedia dell'arte, d. h. einer spezifischen Form von Bühnengrammatik, umgesetzt werden.

Die «subversive» Ästhetik der Commedia dell'arte

Der schon mehrfach verwendete Begriff der «subversiven» Ästhetik muß genau überdacht werden. Einen Gedanken von Michel Foucault abwandelnd, könnte man sagen, das Lachen sei eigentlich eine innere Zustimmung des Zuschauers zu dem, was er selbst in seiner sozialen Abhängigkeit nicht zu sagen wagt, was der Schauspieler jedoch, der gesellschaftlich ohnehin nichts zu verlieren hat, aussprechen darf. Subversiv ist die Komik der Commedia dell'arte also nur insofern, als sie – für die Dauer des Spiels – das Lachen über gerade jene Figuren erlaubt, die im Alltag die Herrschaft haben. In den Handlungsverläufen jedoch ist die Commedia dell'arte nicht subversiv, sondern systembewahrend. Die Rollenzuweisung ist am Schluß eines Stücks die gleiche wie zu Beginn: Es gibt Herren und Diener.

Die Figuren der Commedia dell'arte machen denn auch keine Wandlungen durch, sie lassen sich nicht bekehren, «lernen» eigentlich nichts, ihr Charakter bestätigt sich im Handlungsverlauf eines jeden Stücks (darin sind diese Figuren denen im Märchen oder im Kasperltheater verwandt). Wir lachen daher als Zuschauer nicht über das Unerwartete oder gar Revolutionäre an einer Figur, nicht über die plötzliche Wende einer Handlung, nicht über die Zerstörung der sozialen Strukturen, sondern weil genau das eintritt, was wir – vielleicht uneingestanden, vielleicht unbewußt – erwartet haben. Die Komik ergibt sich aus dem Zeitpunkt, wann das Unerwartete eintritt, und aus der Art, in der es sich äußert; wenn das «Typische» im «falschen» Moment passiert; Komik ergibt sich aber auch aus dem grotesken Wechsel der Bedeutungsebenen, aus den Wiederholungen, den Retardierungen und Beschleunigungen, aus den rituellen Handlungsabläufen. Das alles ist nicht denkbar ohne Bühnengrammatik.

Übungsbeispiele und Spielanregungen

1. «Bausteine»

– Arlecchino ist Colombina gegenüber voller Zartgefühl, er ist voller Gier, wenn es ums Essen geht. Ist er mit beidem gleichzeitig konfrontiert, kann es geschehen, daß er die Gefühle vertauscht: dem Essen gegenüber Zartgefühl entwickelt, für Colombina nur Gier und Gefräßigkeit aufbringen kann.

– Eine Commedia-Figur führt – vielleicht mehrfach hintereinander – eine bestimmte Handbewegung aus, wird abgelenkt, spricht mit jemandem, aber ihre Handbewegung geht weiter, automatisiert sich, wird mechanisiert, marionettenhaft, gleichsam ein abgetrennter, verselbständigter Teil.

– Arlecchino und Colombina rufen Pantalone; sie tun es mit Aufwand und viel Energie. Sie tun es ein zweites Mal, mit noch mehr Energie, sie schicken sich an, ein drittes Mal zu rufen, doch da erscheint Pantalone im «falschen» Moment. die Dreimaligkeit eines Ablaufs (das Wiederholungsritual) wird durch den überraschenden Ausgang der dritten Variante durchbrochen.

– Pantalone und der Dottore haben beide ein Auge auf Colombina. Sie verabredet sich mit jedem von ihnen zu einem nächtlichen Stelldichein: zur gleichen Zeit, am gleichen Ort. Beide treten auf, verhüllt, jeder vermutet im andern die begehrte Colombina; die Annäherung erfolgt mechanisch, Pantalone tut einen Schritt gegen die Bühnenmitte, bleibt horchend stehen, dann der Dottore, dann wieder Pantalone usw. bis sich beide genau in der Bühnenmitte treffen, sich in die Arme fallen und erschreckt erkennen, was der Zuschauer natürlich schon längst weiß: daß Colombina beide genarrt hat.

2. Dimensionen des Bühnenraums: das Gleichgewicht des szenischen Arrangements

Vom szenischen Arrangement war bereits in der Übung vom «magnetischen Zentrum» (vgl. p. 58 f.) die Rede. Die Idee soll hier aufgegriffen, etwas stärker formalisiert und auf die Bühnengrammatik der Commedia dell'arte zugeschnitten werden:

Auf der Spielfläche wird mit Klebstreifen ein gleichschenkliges Dreieck markiert; es entspricht der Aktionsfläche in einem Commedia-Spiel (Basislinie = Bühnenrand bzw. Zuschauerorientierung). Die Spieler stellen sich vor, dieses Dreieck sei eine schwebende Plattform, die nur in ihrem Schwerpunkt aufgestützt ist. Alle Bewegungen haben demnach dem Gesetz des Gleichgewichts und der Schwerkraft zu gehorchen: wenn eine Figur allein auf der Bühne ist, muß sie automatisch im Zentrum (= Schwerpunkt) stehen, damit das Gleichgewicht gewahrt bleibt; sind mehrere Figuren anwesend, so müssen sie dem gleichen Gesetz folgen; die Stellung jeder Figur ergibt sich aus der Stellung der anderen; führt eine Figur eine Bewegung aus, so müssen die andern darauf reagieren.

Die Gesetzmäßigkeit des Schwerpunkts und des Gleichgewichts wird man nur in einem vordergründigen Sinn als eine «physikalische» auffassen; sie ist darüber hinaus als eine «symbolische» zu verstehen; das heißt: ausschlaggebend für das Gleichgewicht ist nicht die «reale» Körpergewicht der einzelnen Figuren, sondern ihre szenische oder gesellschaftliche Bedeutung: Pantalone etwa, als der Padrone schlechthin, kann einer ganzen Gruppe von Figuren die Waage hal-

99 • «Bühnengrammatik» meint Stil und Ästhetik der Commedia dell'arte: ihre rituellen Handlungsabläufe, ihre Stilisierung, ihr szenisches Arrangement, ihren Rhythmus.

● Die Commedia dell'arte ist «armes» Theater: die Sparsamkeit ihrer Mittel (Szenerie, Requisiten usw.) hat formale und ästhetische Konsequenzen für den Spielstil.

● In der Beschäftigung mit der Bühnengrammatik werden Vorstellungsvermögen, Phantasie und Stilempfinden gefördert.

● Die Komik der Commedia dell'arte ist nur vordergründig «subversiv», in Wirklichkeit aber systembewahrend. Die Beschäftigung mit der Commedia dell'arte ist auch eine Auseinandersetzung mit der Frage nach den Zusammenhängen zwischen Komik und Sozialkritik.

● Die Bühnengrammatik erlaubt keine freie Erfindung von Handlungsabläufen, weil sie stets verwandelte Realität ist. Das setzt Realitätssinn und Beobachtungsgabe voraus sowie die Fähigkeit, Realität nach den Gesetzen der Bühnenästhetik zu verwandeln. 99

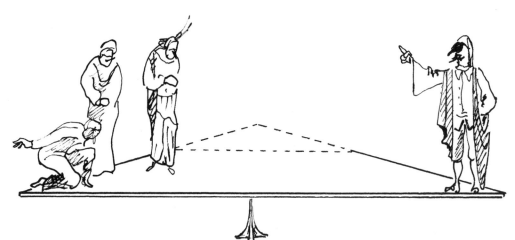

ten. Oder Colombina kann, wenn sie in einem entsprechenden Moment des Spiels das Geschehen beherrscht, gleichviel Gewicht haben wie beispielsweise der Dottore und Pantalone zusammen.

Anstelle der Gänge zum Schwerpunkt hin oder vom Schwerpunkt weg, können die Figuren ihr «Gewicht» auch durch die Körpergröße verändern: wenn sie niederkauern, werden sie «leichter», wenn sie sich recken «schwerer». z.B. Pantalone bewegt sich auf Arlecchino zu; dieser duckt sich; Pantalone entfernt sich und Arlecchino bläht sich auf.

Für das szenische Arrangement der Commedia dell'arte spielt aber nicht nur der Schwerpunkt, sondern auch die Mittelachse eine wichtige Rolle. In einem übertragenen Sinn ist sie die Symmetrieachse des gesamten Geschehens. Die hier beschriebene Übung kann also auch so durchgeführt werden, daß man sich vorstellt, die Bühne sei auf der ganzen Länge ihrer Mittelachse aufgestützt und die beiden Bühnenhälften müssen immer im Gleichgewicht sein.

△ 3. Das Denkmal der Commedia dell'arte als Spielidee

Die Spieler bauen erneut ein Denkmal der Commedia dell'arte (vgl. p. 61), achten aber jetzt darauf, daß die in Übung 2 erprobte Symmetrie vorhanden ist. Auf ein entsprechendes Zeichen des Spielleiters entfernt sich eine Figur aus der Gruppe oder es kommt eine neue dazu. Das Denkmal verändert sich, die Figuren haben auf den Abgang, bzw. Auftritt einer Figur zu reagieren und darauf zu achten, daß sowohl das im Denkmal umgesetzte Modell der Beziehungen als auch die Symmetrie und das Gleichgewicht der Bühne erhalten bleiben. Den Spielern werden zwei Fotografien von Denkmälern (gleiche Figuren, aber unterschiedliche Anordnung) vorgelegt. Sie haben einen Inhalt zu erfinden und im Spiel umzusetzen, der den Unterschied von Bild I zu Bild II zu einem szenischen Ablauf macht: was ist geschehen, wer hat was gesagt, welche Person ist «gewichtiger» und welche «bedeutungslos» geworden.

4. Bühnenrequisiten

Für die Commedia dell'arte gibt es eine Reihe von typischen Gegenständen, die in den verschiedenen

Spielen immer wiederkehren: Geldbörse, Buch, Gepäckbündel, Schlüssel, Brille, Bild, Stock, Brief, Fächer, Schwert usw. Sie sind, im Sinne der hier beschriebenen Bühnengrammatik, mehrdimensional; sie haben einerseits eine dramaturgische Funktion, indem sie zu dem Element werden können, um das sich eine ganze Spielhandlung drehen kann, oder indem sie Anlaß für einen Lazzo bieten. Und sie sind andererseits Markenzeichen der Personen, spielen also sowohl auf deren soziale Stellung an als auch auf deren charakterliche Eigenheit. So hat jede Figur ihren Gegenstand, der neben seiner realen Bedeutung auch eine symbolische Dimension hat. Darüber hinaus haben alle diese Gegenstände im Rahmen des Spiels auch ihre poetische Bedeutung.

Wenn, was gelegentlich vorkommen kann, die Gegenstände ihren Besitzer wechseln, so verändert sich auch ihre symbolische Bedeutung: in der Hand des Pantalone bedeutet der Schlüssel etwas anderes als in der Hand des Arlecchino; das Schwert in der Hand des Capitano bedeutet etwas anderes als in der Hand des Dottore, der Besen in der Hand der Colombina etwas anderes als in der Hand des Capitano.

Der Gegenstand des Pantalone ist seine Geldbörse, die er am Gürtel trägt und die oft sichtbar zwischen seinen Beinen hängt, was über die Grundbedeutung hinaus auch eine Anspielung auf sein Geschlechtsmerkmal ist und gleichsam besagt: «Seht her, ich bin noch potent — und wenn ich es nicht mehr wäre, dann kompensiert mein Reichtum meine Hinfälligkeit.»

Pantalone steht auf den Fußspitzen, das Becken nach vorn gedrückt und läßt seine Geldbörse baumeln und bringt die darin befindlichen Münzen zum Klingeln. Oder er nimmt die Geldbörse in die Hand und läßt sie wie einen Knüppel schwingen. Je nach Spielsituation kann die Botschaft, die Pantalone mit diesen Gesten verbindet,

eine andere sein, die Anspielung auf seine «Männlichkeit» klingt aber immer mit.

Der Stock des Arlecchino (ein flaches Stück Holz, das wie eine Rätsche der Länge nach bis zum Griff ein- oder zweimal aufgesägt ist) kann je nach Gelegenheit die Funktion eines Kommandostabs annehmen oder ebenfalls ein Phallussymbol sein. Oft hat er noch eine Reihe von anderen Bedeutungen: er kann ein Kochlöffel sein, eine Pinzette, ein Messer, ein Fernrohr usw. Der Stock des Arlecchino (bzw. des Zanni) ist eines der berühmtesten Requisiten der Commedia dell'arte, und die Vielfältigkeit seiner wechselnden Bedeutungen geht weit über die Grundbedeutung, die des Schlagens, hinaus. Wird er aber in der Grundbedeutung eingesetzt, so signalisiert er nicht einen Akt der Aggressivität oder der Gewalttätigkeit, sondern einen Akt der Befreiung. Wenn Arlecchino mit dem Stock zuschlägt, befreit er sich von seinen Ängsten und Frustrationen.

Seine nur scheinbar gewalttätige Handlungsweise stellt die Gerechtigkeit wieder her.

Die Spieler bilden einen weiträumigen Kreis; der Spielleiter stellt sich in die Mitte, wirft jedem einzelnen Spieler den Stock des Arlecchino zu und läßt ihn wieder zurückwerfen.

Das erfordert Geschick; der Wurf muß präzis sein, damit der Empfänger den Stock mit Leichtigkeit und Eleganz auffangen kann. Um den Stock präzis werfen zu können, muß er einem vertraut sein, man muß seine Beschaffenheit, sein Gewicht und seinen Schwerpunkt kennen, man muß die «Flugbahn» richtig abschätzen können und den Stock, damit er nicht unkontrolliert durch den Raum wirbelt, in eine leichte Rotation um die eigene Achse bringen, indem man ihm im Moment des Werfens einen entsprechenden Impuls gibt. Diese vorwiegend «technische» Übung hilft, daß gewisse Handlungen reflexartig werden; sie schafft aber auch die für das Spielen von Commedia-Szenen unerläßliche Vertrautheit mit dem Gegenstand und fördert darüber hinaus das Gefühl für Raum und Distanz.

Die Spieler geben dem Stock des Arlecchino nacheinander verschiedene «symbolische» und «praktische» Bedeutungen: symbolische, indem sie ihn (stets mit einem entsprechenden szenischen Arrangement) zum Szepter, zum Dirigentenstock, zum Fernrohr oder zum Schwert werden lassen, «praktische», indem sie damit eine imaginäre Polenta umrühren, ein imaginäres Stück Fleisch aus einer Pfanne spießen oder ein imaginäres Feuer schüren.

Man kann dieses Spiel mit einer Improvisationsübung verbinden: Die Spieler stellen sich vor, sie seien ausgehungerte Insassen eines Strafgefangenenlagers, die mit der Zubereitung einer kargen Mahlzeit beschäftigt sind. Der Stock, der nacheinander Kochlöffel, Kelle, Stab und Eßlöffel und vielleicht auch noch Zahnstocher sein kann, was von den Spielern jeweils ein entsprechendes Gebärdenspiel verlangt, wird damit zum Zentrum der Handlung und zum Motor der szenischen Entwicklung.

Der Spielleiter gibt einer Gruppe von Spielern (von denen jeder eine Figur der Commedia dell'arte verkörpert) einen Schlüssel, der im Kreis herumgereicht wird.

Wenn der Schlüssel von Arlecchino zu Pantalone und weiter zu Colombina usw. wechselt, nimmt er jedesmal eine neue Bedeutung an, die im Gebärdenspiel zum Ausdruck kommen muß und die sowohl an den sozialen Status der Person

Der Bastone als Fernrohr

Der Bastone als Schwert

als auch an den szenischen Moment (Art und Tempo der Übergabe) gebunden ist.

Der Spielleiter versteckt den Schlüssel an einem bestimmten Ort (z. B. unter einem Teppich, in einer Kassette oder im Decolleté Colombinas oder einer Innamorata) und läßt die Figuren nacheinander auftreten, nach dem Schlüssel suchen und die Suche kommentieren.

Was bedeutet der Schlüssel für den hungrigen Arlecchino? Welche Tür wird er ihm öffnen? Was bedeutet er für den Capitano, für die Innamorati?

Da es sich hier, im Gegensatz zu vergleichbaren früheren Übungen (vgl. p. 51 ff.) nicht um das Erforschen der Figuren, sondern um szenisches Spiel handelt, wird der Spielleiter gelegentlich intervenieren und die Spieler an die diversen Gesetzmäßigkeiten der Bühne, des Spiels und der Figur erinnern müssen.

Der Bastone als Kochlöffel

Der Brief als Requisit hat in der Commedia dell'arte meist die Funktion, eine Handlung zu unterbrechen, ihr eine neue Richtung zu geben oder einen völlig neuen Tatbestand herbeizuführen. Er ist in seiner Funktion dem Boten in der griechischen Tragödie, dem Übermittler guter oder schlechter Nachrichten, vergleichbar oder, in bezug auf das moderne Theater, dem Telephon, dessen Funktion allerdings etwas verschieden ist, da der Inhalt der Botschaft für den Zuschauer nicht direkt, sondern nur indirekt, in den Reaktionen der angesprochenen Figur, wahrnehmbar ist. Dies verlangt erhöhte szenische Präsenz.

Die Spieler werden aufgefordert, ein fiktives Telephongespräch entgegenzunehmen oder zu führen und dabei mit verbalen und gestischen Mitteln dem Zuschauer den Inhalt des Gesprächs sowie ihre Einschätzung des fiktiven Gesprächspartners zu vermitteln.

Das gleiche Spiel wird wiederholt, nur legt der Spielleiter die Voraussetzungen dazu fest, d. h. er benennt den Inhalt des zu führenden Gesprächs und den fiktiven Gesprächspartner. Die Reaktionsweise des Spielers wird dadurch überprüfbar und diskutierbar.

Von diesen Telephonübungen kann man zu Spielen mit Briefen übergehen. Das szenische Verlesen eines Briefs erfordert, soll es nicht langweilig werden, eine ganz bestimmte Technik: es muß einerseits verständlich sein, damit dem Zuschauer der Inhalt vermittelt wird, und es soll andererseits so eingefärbt sein, daß sich der Zuschauer auch von den Reaktionen, die der Brief beim Spieler auslöst, einen Begriff machen kann.

Der Spielleiter gibt den Spielern, die die Masken und evtl. auch die Kostüme der Commedia dell'arte tragen, nacheinander einen «anonymen» Liebesbrief. Die Spieler lesen den Brief so vor, daß die Art der Lektüre und das begleitende Gebärdenspiel sowohl dem Charakter der Figur als auch dem Inhalt des Briefs entsprechen.

Das Spiel wird wiederholt mit verschiedenen Briefen, deren Inhalt auf den Denkkreis der einzelnen Figuren zugeschnitten ist. Pantalone liest einen Geschäftsbrief, der Capitano einen militärischen Marschbefehl, der Dottore einen Text juristischen Inhalts, der Innamorato einen Liebes- oder Abschiedsbrief.

Diese Spiele mit Briefen geben über das eigentliche Anliegen hinaus Gelegenheit, das Figurenstudium zu vertiefen. Wie lesen die Figuren? in welchem Tempo? mit welchen Unterbrüchen? mit welchen verbalen oder gestischen Reaktionen? Briefe können auch Anlaß für einen Lazzo sein:

Pantalone bekommt einen Brief, kann ihn aber, da er seine Brille verlegt hat, nicht lesen und bittet Arlecchino, ihm den Brief vorzulesen. Dieser kann zwar gar nicht lesen, was er jedoch nicht eingestehen will, tut, als ob er lesen würde und faselt irgend etwas daher, voller Schnitzer und Verdrehungen, was Pantalone Stück für Stück zu einem logischen Ganzen kombiniert, nur: mit dem wirklichen Inhalt des Briefs hat das nicht im entferntesten mehr zu tun.

5. Lazzi

Ähnlich wie die verschiedenen Arten des Komischen kann man die Lazzi der Commedia dell'arte einteilen ·in solche, die von einem Wort bzw. von einem Wortspiel ausgehen («barzelletta»), in solche, die sich aus einer Spielsituation, und solche, die sich mit einem Requisit ergeben.

Die «barzelletta»

Wir geben für die «barzelletta» als Beispiel einen Lazzo des Pulcinella, in der Meinung, daß er als Übungsstoff dienen kann, aber auch als Anregung für die Gruppe, sich an diesem Beispiel zu orientieren und, ausgehend von einem Stichwort oder einem Wortspiel sowie unter Berücksichtigung von Figur und Situation, eigene Lazzi zu entwickeln.

Pulcinella: Drei Jäger begegnen sich: der eine ist blind, der zweite hat keine Beine, der dritte keine Arme. Sie wollen zusammen auf die Jagd gehen. Sagt der Blinde: «Wenn ich einen Hasen sehe, zeige ich mit dem Finger auf ihn», worauf der ohne Arme antwortet: «Wenn du mir den Hasen zeigst, nehme ich das Gewehr und schieße.» «Und ich renne los und hole ihn», sagt der ohne Beine.
Sie gehen also los. Kaum sind sie auf dem freien Feld, schreit der Blinde: «Da, da!», der ohne Arme nimmt das Gewehr und schießt, und der ohne Beine rennt los und holt den Hasen.
Den wollen sie nun kochen. Sie gehen zu einem Haus ohne Dach, ohne Mauern, ohne Fenster und ohne Türen und klopfen an. Der Hausherr, den es gar nicht gibt, kommt ans Fenster, das es gar nicht gibt, und fragt: «Was wollt ihr?» «Gib uns eine Pfanne, damit wir den Hasen kochen können.» Der Hausherr läßt sie eintreten, gibt ihnen eine Pfanne ohne Boden, die bis zum Rand mit Wasser gefüllt ist. Wie sie den Hasen kochen, kommt einer, den es gar nicht gibt, ohne Arme, ohne Beine und ohne Augen, nimmt den Hasen und geht weg.

Das ist eine mögliche Vorlage, die je nach Fähigkeit und Phantasie der Spieler erweitert, verändert und zum eigentlichen Spiel im Spiel ausgeweitet werden kann. Der Spielleiter gibt einem Spieler den Auftrag, diesen Lazzo auswendig zu lernen und ihn der Gruppe zu präsentieren. Diese Präsentation kann auf zwei verschiedene Arten erfolgen:

Direkte Präsentation: Der Spieler erzählt den Lazzo und versucht ihn mit passenden Gebärden zu begleiten. Die komische Wirkung hängt dabei wesentlich vom Rhythmus, vom Erzählton und von der Erzählweise ab.
Die indirekte Präsentation ist wesentlich schwieriger: Pulcinella erzählt diese Geschichte einer anderen Bühnenfigur, z. B. dem Brighella, der ihn immer wieder unterbricht und zusätzliche Erklärungen verlangt, worauf der Spieler des Pulcinella sofort reagieren muß.

Das kann Gelegenheit für eine spontane Improvisation (im Gegensatz zur «vorbereiteten») sein; der Spieler des Brighella bereitet seine Fragen nicht vor, sondern erfindet sie laufend, und der Spieler des Pulcinella muß aus dem Augenblick heraus reagieren, d. h. eine mögliche Antwort finden und gleichzeitig wieder den Anschluß an den vorgegebenen Text finden.
Die indirekte Präsentation gibt den Spielern Gelegenheit, ihre Reaktionsfähigkeit zu testen und sich an einen gemeinsamen Rhythmus zu gewöhnen. Sie ist aber gleichzeitig auch eine Übung zur Interaktion: die beiden Spieler müssen beim Frage- und Antwortspiel aufeinander eingehen. Wer die Fragen stellt, darf den andern damit nicht aus dem Konzept bringen, er muß das Ende der Geschichte anvisieren und gleichzeitig dem Partner die Möglichkeit anbieten, den angefangenen Lazzo auszuweiten.

Der Situationslazzo

Wir gehen auch hier von einem Beispiel aus; dem Lazzo des Arlecchino, der vor lauter Hunger seine eigenen Tränen schlürft, die ihm gerade wegen des Hungers kommen (vgl. historische Einleitung, p. 24). Ein Lazzo dieser Art kann nicht gelernt werden, man kann ihn sich nicht vornehmen, er läßt sich nicht programmieren. Es ist daher auch nicht sinnvoll, Übungsbeispiele zu geben.
Situationslazzi ergeben sich ausschließlich in der Improvisationsar-

6. Spielvorschläge für eine einfache Bühnenakrobatik

Es kommt in der Commedia dell'arte recht häufig vor, daß einzelne Spieler, vorab die Darsteller des Arlecchino und des Brighella, akrobatische Momente in ihr Spiel einflechten, die allerdings nicht realistisch gedeutet werden dürfen. Die akrobatischen Momente sind gleichsam der «Weg der Seele» (Kleist), der körperlich-sinnliche Ausdruck eines Gedankens oder einer Empfindung. So kann beispielsweise Arlecchino mit einem «salto mortale» auftreten; dies ist aber nur dann angezeigt, wenn darin auch ein entsprechender Gedanke oder eine entsprechende Reaktion zum Ausdruck kommt; andernfalls bleibt dieser «salto» eine möglicherweise eindrucksvolle Zirkusnummer, die aber nichts mit der Commedia dell'arte zu tun hat.

Der vor Hunger weinende Arlecchino schlürft seine eigenen Tränen.

beit und stellen sich dann fast von selbst ein, wenn alle Spieler offen sind, d. h. so spontan, daß sie ihre Einfälle sofort umsetzen können, und gleichzeitig so aufeinander eingespielt, daß sie die Einfälle ihres Partners sofort aufnehmen, ihm die Chance geben, den Lazzo auszuspielen, und ihm mit eigenen Ideen helfen, ihn noch weiter auszubauen.

Lazzi mit Gegenständen

Der Spielleiter legt ein Taschentuch auf die Bühne. Zwei jugendliche Liebhaber, die beide in die gleiche Frau verliebt sind, von dieser aber zurückgewiesen werden, was sie zum Weinen bringt, kommen und finden das Taschentuch. Jeder beansprucht es für sich, weil er seine Lage für tragischer und seine Angebetete der Tränen für würdiger hält.

Ein Gegenstand, um den sich zwei Personen streiten, kann immer wieder Anlaß für einen Lazzo sein, z. B. zwei Alte (Pantalone/Dottore), die sich, mit Worten und Gesten, um die einzig vorhandene Sitzgelegen-

heit streiten (vgl. p. 57 ff.). Oder zwei Hungernde, die zur gleichen Zeit und am gleichen Ort eine Münze entdecken, die jemand verloren hat und mit der sie sich etwas zu essen kaufen können.

Arlecchino hat Liebeskummer, weil Colombina den Brighella vorzieht. In seiner Verzweiflung beschließt er, sich umzubringen. Er bedenkt alle Todesarten und kommt schließlich zur Einsicht, daß der Tod durch Erhängen am schmerzlosesten sei. Er nimmt das Seil, das ihm als Gürtel dient und will sich daraus eine Schlinge knüpfen. Die Komik des Lazzo ergibt sich aus dem Umstand, daß Arlecchino beide Hände braucht, sowohl um die Hose hochzuhalten als auch um die Schlinge zu knüpfen. Für jede der beiden Tätigkeiten kann er nur wenige Sekunden verwenden, dann wechselt er wieder zur andern über.

Auch hier ist der Rhythmus (in diesem Fall die Beschleunigung, bzw. das Retardieren des Wechsels) von entscheidender Bedeutung.

Beispiele für Pantalone

– Der alte, baufällige und kränkliche Pantalone vollführt, als Ausdruck des Erschreckens oder der panischen Angst, einen Luftsprung und fällt darauf sofort wieder in seine frühere Haltung zurück. Der Sprung ist gleichsam surreal: es ist nicht Pantalone der springt, sondern die Angst, die auf diese Weise sichtbar wird.

– Pantalone wird von seinen Gläubigern umringt und bedrängt. Mit einer Hand faßt er an seinen Kragen und zieht sich selber gleichsam in die Höhe und geht ab. Das erweckt den Eindruck, als ob ihn eine rettende Hand aus der für ihn schwierigen Situation erlöst hätte.

– Pantalone gerät in Zorn, weil einer seiner Diener ihm sein Alter und seine Impotenz vorhält. In einem plötzlichen Ausbruch gibt er seinem Diener eine Ohrfeige, jedoch nicht mit der Hand, sondern mit dem Fuß, der blitzartig nach oben schnellt. Sekunden später ist Pantalone wieder in seiner gebeugten Haltung.

Beispiel zur
Bühnenakro-
batik: der
«springende»
Pantalone

Beispiel zur Bühnenakrobatik: Pantalone und Brighella geben ein Ständchen.

Beispiele für Arlecchino

– Arlecchino und Brighella begegnen sich nach langer Zeit; die Wiedersehensfreude ist groß. Der eine springt dem andern in die Arme, beide fallen auf den Hintern, schließen diesem Sturz zwei Purzelbäume an, erst rückwärts, dann vorwärts und sitzen sich dann gegenüber; ihr Gespräch kann beginnen.
– Arlecchino trägt ein Tablett mit einem Glas; er stolpert, fällt, schließt einen eleganten Purzelbaum an und geht danach weiter, als ob nichts geschehen wäre. (Der Witz besteht darin, daß Tablett und Glas fest mit der Hand verbunden sind, was Arlecchino, wenn der Lazzo vorbei ist, dem Publikum deutlich macht.)
– Arlecchino wird vom Capitano mit dem Schwert bedroht; vor lauter Angst springt er dem Capitano in die Arme, der sein Schwert fallen läßt, um Arlecchino auffangen zu können.
– Der Dottore streckt Arlecchino eine Münze hin, dieser greift gierig danach, stößt dabei an die Hand des Dottore; die Münze fällt, Arlecchino geht ebenfalls zu Boden und sucht – möglicherweise im Handstand – nach der Münze.

Beispiele für Brighella

– Brighella kämpft mit dem Capitano, der einen Stock schwingt und sich dabei um die eigene Achse dreht. Er schwingt den Stock in Brusthöhe und Brighella bückt sich jedesmal, wenn der Stock an ihm vorbeisaust. Der Capitano schwingt den Stock nahe am Boden und Brighella hüpft, um den Schlägen auszuweichen. Schneller Wechsel zwischen beiden Arten.

– Pantalone ist in Isabella verliebt und bittet Brighella, da er selbst nicht singen kann, der Angebeteten an seiner Statt ein Ständchen zu bringen. Brighella nimmt an, aber da der Balkon der Signora Isabella zu hoch ist, muß er auf die Schultern Pantalones steigen, um bis an die Brüstung heranreichen zu können. Die Komik ergibt sich aus dem Kontrast zwischen dem verzückt singenden Brighella und dem gequält dastehenden Pantalone, sowie aus dem labilen Gleichgewicht der beiden.
Alle diese «akrobatischen» Situationen wirken nur dann komisch, wenn die Bewegungen schnell, präzis und gekonnt sind. Das setzt einerseits ein gutes Körpertraining voraus und andererseits das Einüben von ganz bestimmten, immer wiederkehrenden Grundformen.

Grundformen der Sprünge

– Sprung mit angezogenen Beinen

– einfacher Purzelbaum

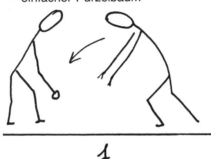

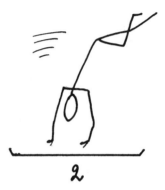

– Horizontalsprung

– Purzelbaum zu zweit

105

7. Der szenische Rhythmus

Auf die zentrale Bedeutung des szenischen Rhythmus', der sowohl die Dialogführung als auch die Bewegungsabläufe und die Struktur eines ganzen Spiels nachhaltig bestimmt, ist schon mehrfach hingewiesen worden. Für das Gelingen eines Commedia-Spiels ist er unabdingbar. Er muß aber gleichsam aus dem Nichts heraus entwickelt werden, da man sich an keinem Text orientieren kann, der irgendeinen Rhythmus vorgibt.

Der Rhythmus ist jedoch kein nachträglicher Zusatz, den man gleichsam als letzten Schliff dem fertig erarbeiteten Spiel zu geben versucht. Er ist Arbeitsinstrument und Orientierungsrahmen für die Improvisation und deren Ökonomie. Hat man beispielsweise für einen einzelnen Lazzo, eine Tirade, eine akrobatische Einlage oder eine Dialogpassage einen bestimmten Rhythmus gefunden, so wird man danach trachten, den gleichen Rhythmus auch an andern Stellen einzubringen, so daß er mehr und mehr zum Strukturelement und zum Stilmerkmal einer ganzen Aufführung wird. Bei dieser Arbeitsweise wird man bald einmal die Erfahrung machen, daß sich gerade in der Befolgung des Rhythmus' immer wieder neue Einfälle und komische Zusätze ergeben.

Ein solcher Rhythmus kann beispielsweise die sechstaktige Sequenz sein, in der ein Wortwechsel («battuta») zwischen zwei Personen abläuft; etwa die Begrüßung zwischen Arlecchino und Brighella:

1 Brighella!
2 Arlecchino!
3 Wie geht's?
4 Gut. Und dir?
5 Auch gut.
6 Wunderbar; dann geht's uns ja beiden gut.

Die Länge der einzelnen Aussagen spielt für den Rhythmus keine Rolle, entscheidend ist bloß das regelmäßige und im zeitlichen Ablauf ganz präzise Hin und Her des Wortwechsels, das einem Ping-pong-Spiel vergleichbar ist.

Die gleiche sechstaktige Sequenz läßt sich dann auch in einen Lazzo einbauen: Pantalone möchte sich setzen, hat aber keinen Stuhl. Brighella wirft ihm einen Stuhl zu; Pantalone ergreift ihn und stellt ihn auf den Boden. Im rhythmischen Spiel ergibt sich dann der folgende Ablauf:

1 Handzeichen Brighella (Absicht/Frage)
2 Handzeichen Pantalone (Einverständnis/Antwort)
3 Brighella ergreift den Stuhl
4 Wurf
5 Pantalone fängt den Stuhl auf und
6 stellt ihn auf den Boden.

Die sechstaktige Sequenz, die sich dann auch in Tiraden usw. einbauen läßt, ist Beispiel für einen, vielleicht den häufigsten Rhythmus eines Commedia-Spiels. Es sind auch andere Rhythmen (dreitaktige, viertaktige Sequenzen) denkbar. Wichtig ist, daß der Spielleiter mit einfachen Übungen das Gefühl für den Rhythmus weckt und daß er in den einzelnen Spielformen immer wieder darauf achtet.

TEIL VI
Die Herstellung der Commedia-Masken

Vorbemerkung

Die Herstellung von eigenen Masken gehört als integrierender Bestandteil zur Arbeit mit der Commedia dell'arte. Wer seine Maske(n) selbst herstellt, wer die Gesichtszüge einer Figur mit eigenen Händen geformt und ausgearbeitet hat, kennt den Charakter der Figur auch genauer und wird in der Folge seine Motorik kontrollierter und genauer einsetzen können.

Eine größere Anzahl der in den vorangehenden Teilen beschriebenen Übungen (vorab im Teil «Das Spielen mit den Masken») dient dem Kennenlernen der Figuren der Commedia dell'arte, geht also davon aus, daß der Schüler mit bereits vorhandenen (d. h. vom Spielleiter zur Verfügung gestellten, möglichst originalgetreuen) Masken arbeitet und in diesen Übungen, im Spiel also, den Charakter einer Figur (und die daraus ableitbaren Verhaltensformen) erforscht und einen passenden körperlichen und stimmlichen Ausdruck dazu entwickelt. Er soll daher erst dann mit der Herstellung von Masken beginnen, wenn er das Personal der Commedia dell'arte aus der spielerischen Erforschung kennt. Dabei soll er sich nicht sklavisch an Vorlagen halten und Masken «nachbauen» müssen, sondern die Möglichkeit haben, seiner Maske auch individuelle Eigenarten (die aber doch den Rahmen der Commedia dell'arte nicht sprengen dürfen) zu geben. In der Fortsetzung der Arbeit soll er dann die eigenen Masken verwenden.

Die Arbeitsanleitung für die Herstellung von Masken ist für die praktische Arbeit mit Schülern gedacht, beschränkt sich also auf die Verwendung von einfachen und leicht zu verarbeitenden Materialien (z. B. Papier). Die Verwendung anderer Materialien (z. B. Leder) erweist sich als wesentlich schwieriger und zeitaufwendiger. Wir verweisen hier nochmals auf den schon im Vorwort erwähnten Donato Sartori und auf dessen hervorragende Darstellung der Technik des Maskenbaus (1), die eine Fülle von physiognomischen und technischen Details vermittelt.

Die Physiognomie der Commedia-Masken

Die Maske ist nie bloße photographische Wiedergabe des menschlichen Gesichts, sondern seine karikaturale Typisierung. Die Herstellung einer Maske setzt daher einerseits ein genaues Beobachtungsvermögen voraus, andererseits aber auch die Fähigkeit zur karikaturalen Abstraktion sowie psychologische und physiognomische Kenntnisse.

Beim Gesicht muß unterschieden werden zwischen den festen Partien (Stirn, Jochbein, Nase), welche die Grundform des Gesichts ausmachen, und den beweglichen Partien (Mund, Augen, Augenbrauen, Falten usw.), in denen die wechselnden Gefühlslagen ihren sichtbaren Ausdruck finden.

Bei der Herstellung einer Maske wird man sich daher genau überlegen müssen, welche charakterlichen Eigenheiten, welche Tics, welche Absonderlichkeiten und welche Laster zum Wesen einer Figur gehören und wie diese in den festen und in den beweglichen Teilen der Physiognomie zum Ausdruck kommen.

Zuerst muß die Grundform des Gesichts festgelegt werden: breit oder schmal, eckig oder rund/oval, mit hoher oder niederer Stirn, mit hervorstechendem oder flachem Jochbein, mit vollen oder hohlen Wangen, mit fleischiger Stupsnase oder knochiger Adlernase. Dann werden die beweglichen Partien «eingefroren» und festgehalten: Gesichtsfalten, Größe und Schnitt der Augen, Form der Augenbrauen und der Oberlippe.

Die nachfolgenden Skizzen sollen eine Grundvorstellung der fünf Commedia-Masken vermitteln. Sie zeigen, jeweils links, die Grundform (d. h. die festen Partien) des Gesichts, in der die wesentlichen Elemente des Charakters und die psychische Konstitution ihren Ausdruck finden – und, jeweils rechts, die «eingefrorenen» beweglichen Teile, welche Abbild der spezifischen Eigentümlichkeiten und Absonderlichkeiten sind.

Die hier vorgestellten Masken können bei der Herstellung als Vorbilder dienen, die der Schüler übernehmen oder zu denen er Variationen erproben kann. Auf jeden Fall aber soll der Schüler, bevor er mit der Herstellung der Maske beginnt, eine Skizze anfertigen (Profilansicht und Frontalansicht), damit er sich über die Physiognomie seiner Maske Rechenschaft gibt.

---

(1) Sartori, Donato und Lanata, Bruno: Maschera e maschere, Firenze (Usher), 1984; mit weiterführender Bibliographie.

GRUNDFORM DER MASKE   GESICHTSZÜGE

Pantalone

Macht   Alter
(Senilität
und Würde)

Geiz, Lüsternheit,
Gier

Capitano

Gewalt   Ansehen

Anmassung, Prahlerei
Stumpfheit

Dottore

Wissen, Alter
(Senilität
und Würde)

Geschwätzigkeit, Verwirrtheit,
Genussucht, Pedanterie

109

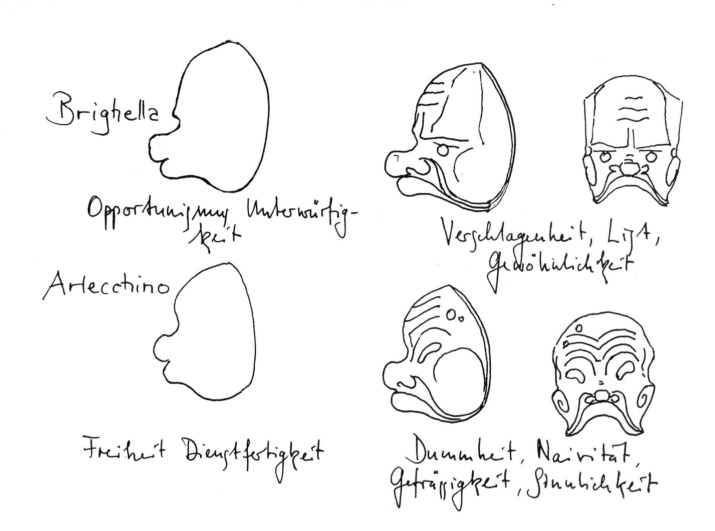

Brighella

Opportunismus Unterwürfigkeit

Arlecchino

Freiheit Dienstfertigkeit

Verschlagenheit, List,
Gewöhnlichkeit

Dummheit, Naivität,
Gefräßigkeit, Sinnlichkeit

Die Herstellung der Maske

Masken sollen, damit man ungehindert mit ihnen spielen kann, eine möglichst gute Paßform haben. Das bedingt, daß man entweder einen Abdruck vom eigenen Gesicht herstellt oder von einer Grundform ausgeht, die den Idealdimensionen des menschlichen Gesichts entspricht (neutrale Maske). Beim Gesichtsabdruck mag die Gefahr bestehen, daß man seine Maske allzusehr dem eigenen Gesicht anpaßt und damit gegen den Grundsatz verstößt, daß sich der Spieler der Maske, und nicht die Maske dem Spieler anzupassen habe. Jede Maske muß einen eigenen, von der Physiognomie des Spielers unabhängigen Ausdruck haben. Dies ist auch beim Verfahren mit dem Gesichtsausdruck zu bedenken.

a. Der Gesichtsabdruck

Am besten eignen sich dazu Gipsbinden (in Apotheken und Drogerien erhältlich), die kurz in Wasser getaucht und dann auf das zuvor gründlich eingefettete Gesicht gelegt werden. Da die Gipsbinden schnell trocknen, muß zügig gearbeitet werden. Die Gipsbinden sollen in mehreren Lagen (mindestens vier; Ränder überdies verstärken) aufgelegt werden, damit der Gipsabdruck stabil genug wird und danach mehrfach verwendet werden kann.

Die Gipsbinden sollen das ganze Gesicht (bis zum Haaransatz, bis zum Kinn und bis zum Ansatz der Ohren bedecken (Nasenlöcher für die Atmung freilassen). Anstelle von Gipsbinden können auch normale Mullbinden verwendet werden, die in Gips getaucht und danach aufgelegt werden.

Nach etwa 20 bis 30 Minuten ist der Gips trocken, und der Abdruck kann sorgfältig abgelöst werden.

b. Die Positivform

Der Gipsabdruck wird inwendig eingefettet oder eingeölt und danach mit Gips ausgegoßen (Modellgips bzw. Stukkateurgips). Ist dieser trocken, kann er herausgelöst werden: wir haben einen genauen Abguß des eigenen Gesichts, der als Basis dient für die Herstellung des Maskenkerns. Anstelle von Gips kann für diesen Arbeitsschritt auch Ton oder Plastilin verwendet werden; der so entstehende Kern kann in der Fortsetzung der Arbeit dann allerdings nur einmal verwendet werden.

c. Der Maskenkern

Auf den in den ersten Arbeitsschritten entstandenen Gesichtsabguß werden, mit Ton oder Plastilin, die Charakterzüge der geplanten Figur aufgetragen und exakt verarbeitet: Gesichtsform, Nase, Augenbrauen, Wangenpartie, Stirnfalten usw. Beschreibungen und Zeichnungen zum Ausdruck der einzelnen Masken mögen dabei als Anregung und Vorlage dienen. Obwohl das Endprodukt eine Halbmaske sein wird, soll die Mundpartie ebenfalls ausgearbeitet werden: nur so kann man bei der Arbeit den Ausdruck des Gesichts genau kontrollieren.

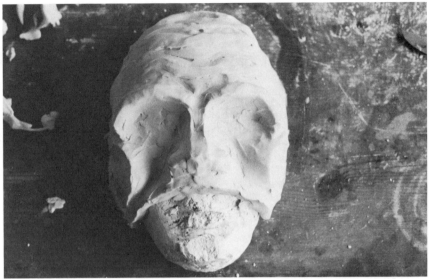

Die mit Ton oder Plastilin aufgetragenen Charakterzüge sollen großzügig gestaltet werden. Sie dürfen durchaus kantig sein, da die Maske ja auch auf Distanz und im Scheinwerferlicht wirken soll. Allzu feine Formen (z. B. Gesichtsfalten mit wenig Relief) werden überdies bei der späteren Verarbeitung verwischt, sind gar nicht mehr sichtbar oder erscheinen flach und ausdruckslos.

Der fertige Maskenkern wird vor der Fortsetzung der Arbeit gut eingefettet (oder mit einer Schicht Alufolie zugedeckt), damit sich die darauf applizierte Maske nach der Austrocknung wieder gut ablösen läßt, ohne daß der Kern zerstört oder Teile davon in der Maske hängen bleiben.

d. Der Rohbau der Maske

Als Materialien für die Herstellung der eigentlichen Maske kommen in Frage:

Papier: Man verwendet saugfähiges Papier (am besten Zeitungspapier), das man in kleine Stücke reißt. Für die erste Schicht, die direkt auf den Maskenkern zu liegen kommt, taucht man das Papier in gewöhnliches Wasser (ohne Klebstoff!). Bei den darauffolgenden Schichten (insgesamt fünf bis sechs), verwendet man Fischkleister. Die einzelnen Schichten müssen exakt verarbeitet werden, damit keine Luftblasen entstehen. Für jede Schicht soll nach Möglichkeit eine andere Papierfarbe verwendet werden, damit man kontrollieren kann, daß überall gleich viele Schichten aufgelegt werden; andernfalls haben die einzelnen Teile der Maske eine unterschiedliche Flexibilität und die Maske verzerrt sich, wenn sie aufgezogen wird. Die Maske ist nach etwa 24 Stunden trocken und kann vom Kern gelöst werden.

Agoplast: Agoplast ist ein textiler Werkstoff, der üblicherweise im Modellbau und für Dekorationsarbeiten (z. B. Bühnenbilder) Verwendung findet (1). Agoplast eignet sich vorzüglich auch für den Maskenbau.

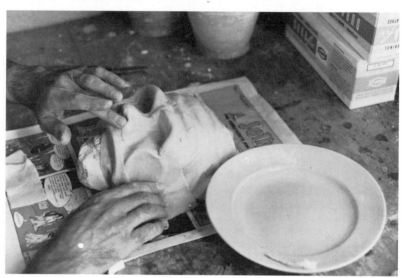

Einzelne Stücke von Agoplast (größere für flache Partien, kleinere für gewölbte Partien) werden kurz in Azeton getaucht und dann auf den Kern gelegt. Die Ränder der einzelnen Stücke sollen etwa 2 bis 3 mm aufeinanderliegen. Von Agoplast sollen nicht mehr als zwei Schichten aufgelegt werden; andernfalls wird die Maske zu hart und hat keine Flexibilität mehr. An den seitlichen Rändern, wo später das Gummiband angebracht wird, soll ein zusätzlicher Streifen Agoplast angebracht werden, damit die Maske an dieser Stelle nicht reißt.

Die Agoplast-Stücke sollen nicht zugeschnitten, sondern gerissen werden; die beim Reißen an den Rändern hervortretenden Textilfasern erlauben eine genauere Verarbeitung jener Partien, wo zwei Stücke zusammenstoßen. Damit das Agoplast die Formen des Kerns genau wiedergibt, muß sorgfältig gearbeitet werden: die Finger in Azeton tauchen und die bereits

_____

(1) Bezugsquelle für Agoplast: Opo, Oeschger AG, Steinackerstraße, Kloten (Schweiz)

aufliegenden Agoplaststücke so lange glattstreichen, bis die richtige Form erreicht und die Oberfläche möglichst glatt ist.

Die Maske ist nach etwa zwei Stunden trocken (helle Farbe!) und kann vom Kern gelöst werden. Plastilin und Ton bleiben gern in der Maske hängen, können aber problemlos herausgekratzt werden.

e. Die Herstellung der Maske in einer Negativform

Als Basis für den Rohbau der Maske kann anstelle des Kerns auch eine Hohlform benützt werden: Der fertig ausgearbeitete Kern (vgl. Arbeitsschritt c) wird eingefettet in einen etwa 20 cm hohen Holzkasten gelegt und mit Gips übergossen. Wenn der Gips trocken ist, werden die Ränder des Holzkastens weggenommen und der Kern kann herausgelöst werden; wir haben eine Hohlform der Maske, die für die Fortsetzung der Arbeit wiederum eingefettet wird. Das weitere Verfahren ist gleich wie beim Arbeitsschritt d.

Das Arbeiten mit der Hohlform, zwar aufwendiger und schwieriger als mit einem normalen Kern, hat den großen Vorteil, daß die erste Schicht, die hineingelegt wird und die die Formen der Vorlage am genauesten wiedergibt, bei der Maske dann die äußerste Schicht ist: der Ausdruck der Maske ist präziser, schärfer und wird nicht, wie das beim Arbeiten mit dem Kern der Fall ist, durch weitere Schichten abgeflacht.

Das Austrocknen der Maske dauert bei der Hohlform etwa doppelt solange wie beim Maskenkern. Bei Arbeiten mit Agoplast ist überdies zu beachten, daß man während des Austrocknens den Innenraum der Maske mit zerknülltem Zeitungspapier ausstopft, bzw. Holzverstrebungen anbringt. Andernfalls biegen sich die Ränder nach innen, da sich Agoplast beim Austrocknen leicht zusammenzieht.

f. Die Fertigstellung der Maske
Zuschneiden:
Die Maske so zuschneiden, daß sie genau auf das eigene Gesicht paßt, daß sie symmetrisch ist und daß die Mundpartie frei bleibt (für die untere Abgrenzungslinie: Zeichnungen beachten!). An den Seiten soll die Maske bis etwa 2 cm an die Ohren kommen. Nasenlöcher ausschneiden.

Augenlöcher:
Größe und Schnitt der Augen sind von zentraler Bedeutung für den Ausdruck einer Maske (Zeichnungen beachten!): Augenlöcher zuerst aufzeichnen und darauf achten, daß sie in Lage und Form symmetrisch sind (es sei denn, daß man, für den Ausdruck der Maske, die Augen bewußt asymmetrisch anbringt), daß sie den gleichen Abstand zur Mittelachse haben und daß sie dem Stand der eigenen Augen entsprechen. Die Augenlöcher mit einem scharfen Messer sorgfältig herausschneiden.

Für Größe und Schnitt der Augen ist einzig der physiognomische Ausdruck der Maske maßgebend. Wer die Augenlöcher so ausschneidet, daß er einen möglichst großen Blickwinkel hat, um ungehindert spielen zu können, verändert ungewollt und in einschneidender Weise den physiognomischen Ausdruck. Im übrigen bestimmt der Blickwinkel, den die Maske zuläßt, in unmittelbarer Weise auch die Motorik der Figur: mit den schmalen Augenschlitzen einer Pantalone-Maske bewegt man sich automatisch «umsichtiger» (man schaut erst um sich und geht erst dann), als mit den großen «staunenden» Augenlöchern einer Arlecchino-Maske.

Oberflächenbearbeitung:
Masken aus Papier brauchen keine Oberflächenbearbeitung. Agoplast-Masken müssen mit Schmirgelpapier sorgfältig geschliffen werden, bis die Oberfläche ganz glatt ist.

Bemalung:
Die Masken von Arlecchino und Brighella werden in warmen Brauntönen bemalt, die der «Alten» (Dottore, Pantalone) dunkelbraun oder schwarz; die Capitano-Maske kann braun sein oder auch ganz bunt (Hahn!); hervorstehende Partien (Nasenrücken, Wangen, Augenwülste) können zusätzlich hervorgehoben werden, wenn man ihnen einen helleren Farbton gibt. Für Papiermasken sollen nach Möglichkeit keine Wasserfarben und für Agoplast-Masken keine Farben auf Nitrobasis verwendet werden, weil sich sonst einzelne Schichten der Masken wieder ablösen können.
Ist die Farbe trocken, werden die Masken lackiert.

Bearbeitung der Innenseite:
Agoplast-Masken brauchen innen nicht bearbeitet zu werden. Papiermasken werden auf ihrer Innenseite lackiert oder besser noch mit Isolierband ausgekleidet, da andernfalls die Gefahr besteht, daß sich durch Atmung oder Schweiß einzelne Schichten wieder lösen.

Masken anpassen:
Auf beiden Seiten, etwa auf Augenhöhe, mit einem scharfen Messer schmale Schlitze einschneiden, ein im Farbton zur Maske passendes, ca. 2 cm breites Gummiband einziehen und vernähen. Die Maske muß satt sitzen: Sie darf bei keiner Bewegung wackeln, soll aber auch nicht wehtun.
Die Haut unter der Maske muß atmen können, die Maske darf also nicht zu satt anliegen. Mit einzelnen schmalen Schaumgummistreifen, die man mit Klebstoff an der Innenseite der Maske anbringt, kann man Druckstellen verhindern und gleichzeitig dafür sorgen, daß man zwischen Maske und Gesicht etwas Luft hat.

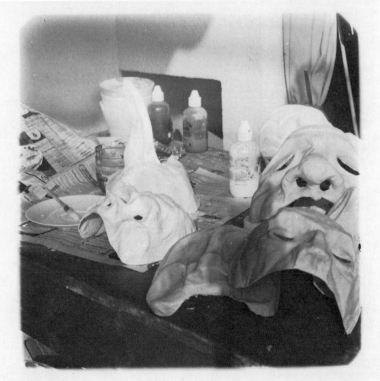

Bibliographie

Amtmann, Paul (Hrsg.): Puppen – Schatten – Masken, Band 5/6 der Handbücher für musische und künstlerische Erziehung, München (Manz) 1966

Batz, Michael und Schroth, Horst: Theater zwischen Tür und Angel, Handbuch für freies Theater, Hamburg (Rowohlt) 1983

Berardi, Enza: Le maschere, Torino (Paravia) 1982

Bösiger Johannes: Von der Gebärde zum Wort, in: Neue Zürcher Zeitung Nr. 99/ 28.–29. April 1984, S. 68

Boccaccio, Giovanni: Il Decamerone, Zürich (Manesse), 1957

Commedia dell'arte: Geschichte und Masken, Ausstellungskatalog des Museums für Kunst und Gewerbe, Hamburg 1983

Cucchiara, Giuseppe: Il linguaggio del gesto, Palermo (Sellerio) 1977

Daublebski, Benita: Spielen in der Schule, Stuttgart (Klett) 1973

Dychtwald, Ken: Bodymind, Roma (Astrolabio) 1978

Goldoni, Carlo: Der Lügner, Stuttgart (Reclam) 1965

Hawemann, Horst: Über Improvisation (in: Schumacher, Ernst: Darsteller und Darstellungskunst; Berlin (Henschel) 1981

Kramer, Michael: Vom Hanswurst zum Fools-Freak, Berlin (Büchse der Pandora) 1982

Krömer, Wolfram: Die italienische Commedia dell'arte, Darmstadt (Wissenschaftliche Buchgesellschaft) 1976

Lanata, Bruno und Sartori, Donato: Maschere, Milano (Mondadori) 1984

Mango, Giuseppe: Cultura e storia nella formazione della commedia dell'arte, Bari (Adriatica) 1972

Mariani, Giovanna: La condizione dell'uomo di teatro nel «Romant comique» di Scarron, Firenze (La Nuova Italia) 1973

Miklasevsky, Konstantin: La commedia dell'arte, Venezia (Marsilio) 1981

Nicoll, Allardyce: Il mondo di Arlecchino, Milano (Bompiani) 1963

Pandolfi, Vito: Il teatro nel Rinascimento e la commedia dell'arte, Roma (Lerici) 1969

Sartori, Donato und Lanata, Bruno: Maschera e maschere, Firenze (Usher), 1984

Scala, Flaminio: Il teatro delle favole rappresentative, a cura di Ferruccio Marotti, Milano (Il Polifilo) 1976

Stanislawsky, Konstantin Sergejewitsch: Die Arbeit des Schauspielers an der Rolle, Berlin (Henschel) 1983

Stoppato, Lorenzo: La commedia popolare in Italia, Bologna (Arnado-Forni) 1980

Taviani, Fernando und Schino, Mirella: Il segreto della commedia dell'arte, Firenze (Usher) 1982

Tessari, Roberto: Commedia dell'arte; la maschera e l'ombra, Milano (Mursia) 1981

Théâtre populaire romand: L'amant militaire d'après Goldoni, La Chaux-de-Fonds, 1976

Toschi, Paolo: Le origini del teatro Italiano, Torino (Boringhieri) 1982

Wälti, Peter: Rubiger Projekte, Spielvorschläge zum Umgang mit Masken; in: Schultheater 2, Bern (Zytglogge) 1978

Weihs, Angie: Freies Theater, Hamburg (Rowohlt) 1981

Winnicott, D. W.: Vom Spiel zur Kreativität, Stuttgart (Klett-Cotta) 1979

Musik, Tanz und Spiel

Ausdrucksschulung

Unterrichtsmodelle und Spielprojekte für kreatives und kommunikatives Lernen

Vorwort von Dieter Sauberzweig
Klettbuch 92060, 111 S., Bildband im Großformat, kart., Fr. 31.30/DM 34.–

Körperausdruck · Gebärdensprachen · Wahrnehmungstraining · Konzentrationsübungen · Pantomime · Schminkübungen · Gestisches Zeichnen und Malen · Kommunikation mit natürlichen Umwelten · Stimmschulung · Sprecherziehung · Stegreiftheater · Kabarett · Spielaktionen · Multi-Media-Projekte
Unterrichtsmodelle und Spielprojekte für Schule, außerschulische Jugendarbeit und Erwachsenenbildung

Improvisation, Tanz, Bewegung

Fotos von Hilde Zemann
Klettbuch 92318, 125 S., Bildband im Großformat, kart., Fr. 33.10/DM 36.–
Entwicklung des Körperbewußtseins, Bewegungserfahrungen in Zeit und Raum, Improvisationsanregungen durch Spielzeug, Objekte, Geräte, Musik, Sprache, Malerei, Graphik, Skulptur, szenische Inhalte – ein reichhaltiger Themenkatalog für die Arbeit mit verschiedenen Altersstufen. Mit einer Einführung in Didaktik und Methodik der tänzerischen Improvisation.

Musikinstrumente – erfinden, bauen, spielen

Anleitungen und Vorschläge für die pädagogische Arbeit
Klettbuch 925601, 142 S., mit zahlreichen Abb., kart., Fr. 29.50/DM 32.–
Vorgestellt werden rund 250 Ideen für Instrumente, die man selbst planen, entwerfen, herstellen, ausprobieren und spielen kann. Die Palette reicht dabei vom einfachsten Geräuschinstrument bis zum anspruchsvollen Klangkörper – zum herkömmlichen Instrumentarium eine hilfreiche Ergänzung. Zeichnungen, Bauanleitungen und umfangreiche Hinweise auf Material, Spielbarkeit, Gestaltung und handwerkliche Ausrüstung erleichtern die Herstellung der Instrumente.
In erster Linien versteht der Autor das Instrumentarium als pädagogisches Angebot: Ausführlich beschreibt er Einsatzmöglichkeiten in der Schule und in den Bereichen Musikpädagogik, Sozialpädagogik und Musiktherapie.
Auszug aus dem Inhalt:
Gespenstergeschichte in der Technik des schwarzen Theaters.
Jugendliche musizieren gemeinsam mit einer Jazzband.
Anregungen für das Instrumentarium.
Zum Gestaltungsprozeß:
Gestaltung von Instrumenten, Funktion des Instrumentes, Spielbarkeit, Material, Klangfarbe, Tonlage, Oberfläche, handwerkliche Ausrüstung, häufige Grundmaterialien.
Instrumente für mehrere Spieler.
Instrumente für Rhythmik und Bewegung.
Instrumente für den Elementarbereich.
Blas-, Saiten- und Fellinstrumente.
Instrumente zur Stimmenverfremdung und vieles andere mehr.

Vorhang auf für Musik und Spiel

Hrsg. von Rudolf Nykrin

Das Spiel lebt in einem konkreten Raum, den es zugleich überschreitet:
Es lebt von Spielern, die ihre Phantasie, ihren Mut, ihr Können und ihre Emotionalität einbringen, aber auch im Spiel entdecken.
Es führt Kinder und Jugendliche zu neuen und ungewohnten Verhaltensweisen und verhilft zugleich zu Selbstfindung und Sicherheit.
Es bildet «Spezialisten» heraus, zugleich aber vermittelt es gemeinsame Übersicht und Grunderfahrungen.

Das Spiel mag von einem Fach ausgehend initiiert sein, es wird aber, wie kein anderes Medium, fächerentgrenzend wirken.
Kinder und Jugendliche spielen mit, doch werden auch die Eltern, die Geschwister und Freunde, die Lehrer einer Schule usw. angesprochen und oft einbezogen.
Spielen versammelt einzelne, am Ende steht die Gemeinschaft.
Spielen geschieht in Schulen – und weist darin auf immer neu zu entdeckende Spielräume.

Petra, Purr und Pim
Lieder und Szenen für den Anfang
Liederheft in Bildern
Klettbuch **1811,** Fr. 6.30/DM 6.30
Lehrerinformationen mit Schallplatte
Klettbuch **18113,** Fr. 29.20/DM 29.80

Unsere Klasse, Spielheft
Klettbuch **18121,** Fr. 7.90/DM 7.90

Das gelbe Unterseeboot, Spielheft
Klettbuch **18122,** Fr. 9.80/DM 9.80

Der Gevatter Tod, nach dem Märchen der Brüder Grimm, Spielheft
Klettbuch **18124,** Fr. 11.20/DM 11.20

Musicbox
Rocksound-Musical für Jugendliche
Spielheft
Klettbuch **18127,** Fr. 13.60/DM 13.60
Compact-Cassette
Klettbuch **181271,** Fr. 26.60/DM 27.–
Die Berechtigung zu einer nichtöffentlichen Schulaufführung wird durch den Kauf von 10 Heften erworben.

Schachspiele, Musikszenen in Schwarz-Weiß, Tanzpantomime, Spielpartitur
Klettbuch **18126,** Fr. 26.80/DM 29.–

Zirkus für alle, Spielpartitur
Klettbuch **18128,** Fr. 25.90/DM 28.–
Die Berechtigung zu einer nichtöffentlichen Schulaufführung wird durch den Kauf 1 Exemplars erworben.